四大公害病と環境問題

生活環境をそこなう公害

騒音・振動・地盤沈下・悪臭

監修　崎田裕子

まえがき

身の回りの公害を見つめ直す

監修 崎田裕子

　学校の校庭で元気よく走り回っている時の大きな声や足音が、だれかにとっては騒音になっているかもしれない、なんて考えたことはありますか。

　ある幼稚園の園庭に面した家に住む高齢の男性が、これまでは仕事に出かける時に聞こえてきた子どもたちの声がとても楽しく聞こえていたのに、退職して仕事からはなれて毎日家にいると、急にうるさく聞こえてきた、という話を聞いたことがあります。また、その人は子どもたちの声は我慢できるけれど、体操の先生が思いっきりふく笛の音が耐えられないので、自治体の公害苦情相談窓口に行こうか考えているというのです。

　典型７公害の中でも、「都市・生活型公害」といわれる「騒音」「振動」「地盤沈下」「悪臭」は、建設現場や空港、新幹線、幹線道路沿いだけに限ったことではありません。心理的な状況によって被害者感情がちがってくるため、予防や改善が大変な場合もあります。

　『健康被害を引き起こす公害』の巻では、「四大公害病」の原因になっている「大気汚染」「水質汚濁」「土壌汚染」を深堀りしました。日本の産業が発展した1950年代半ばから1970年代前半に、工場地帯などで問題になったのは「産業型公害」です。その後、働く人が都市に集まり、多くの町で住宅地域が広がって、工場や事業場、学校、病院などの大規模施設と住宅がすぐ近くに建てられるようになりました。そこで、この巻では、1960年代後半から増えてきた身の回りの公害である「都市・生活型公害」を深堀りしています。

　町工場のとなりの住宅に機器のモーター音が伝わり、その振動でとなりの住民が安眠できなくなったり、自分がアパートやマンションの部屋で走り回った音が下の階に暮らす人の迷惑になったりするなど、公害のようすは様々ですが、自分が被害者にも加害者にもなる可能性があるのです。

　1970（昭和45）年、このような公害被害を受けている人が裁判にうったえる前に話し合いで解決することができるように、公害紛争処理制度ができました。まず身近な市区町村や都道府県の相談窓口で相談をして、担当職員による解決をめざします。解決しない場合は公害紛争として都道府県公害審査会が開かれ、調停、あっせん、仲裁が行われ、それでも解決しない場合は国の公害等調整委員会が開催され、それでも解決しない場合は裁判することになります。

　2022（令和4）年度の全国の公害苦情受付件数約7万件のうち、典型7公害に関する苦情は約5万件。なかでも騒音の苦情が最も多く、次に大気汚染、悪臭、水質汚濁、振動と続きます。公害苦情の件数の多さには驚きますが、その75％は1か月以内に解決すると知って少しホッとします。

　自分たちの身の回りにどんな「都市・生活型公害」の可能性がひそんでいるのか、自分事として関心を持ちたいものです。

目次

まえがき　身の回りの公害を見つめ直す　監修　崎田裕子 2

この本の使い方 4

第1章 騒音 6

騒音とは 6
音の伝わり方 6
騒音の原因 6
騒音に対する気配り 7
暮らしの中で生じる生活騒音 8
生活騒音を未然に防止する 9
日本の騒音問題の歴史 10

騒音がもたらす影響 12
人体への影響（生理的影響） 12
心理的影響 12
活動妨害 13
社会的影響 13

騒音の状況と防止対策 14
騒音規制法の制定 14
騒音規制法の対象 15

第2章 振動 16

振動とは 16
振動の原因と被害 16
振動の苦情実態 17
振動のレベル 18
振動の種類と伝わり方 18
振動レベルの影響 19

振動がもたらす影響 20
物的被害 20
人への影響 21

振動の状況と防止対策 22
振動規制法の制定 22

振動規制法の対象 23
建設作業の振動の現状 24
振動を防止する対策 25

第3章 地盤沈下 26

地盤沈下とは 26
地盤沈下の原因 26
地盤沈下の状況 27
日本の地盤沈下の歴史 28

地盤沈下がもたらす影響 30
人や環境への影響 30

地盤沈下の状況と防止対策 32
法律などによる規制 32
人工衛星データを活用する 33

第4章 悪臭 34

悪臭とは 34
悪臭の原因 34
悪臭公害に対する苦情 35

悪臭の基準 36
悪臭の強さをあらわす 36
悪臭の規制方法 37

悪臭物質と悪臭問題の歴史 38
特定悪臭物質と臭気の質 38
悪臭問題の歴史 39

悪臭の状況と防止対策 40
悪臭防止法の目的 40
悪臭をふせぐためには 41

巻末資料 ① 公害問題解決のための「公害紛争処理制度」 42

巻末資料 ② 公害・環境問題 ネットガイド —アクセスして調べてみよう— 44

さくいん 46

この本の使い方

　このシリーズ「四大公害病と環境問題」は、さまざまな公害問題を通じて現在問題となっている環境問題を見つめなおし、これからどう行動すべきかを考えるために制作しています。

　『生活環境をそこなう公害　騒音・振動・地盤沈下・悪臭』の巻では、環境基本法で定められている典型7公害のうち、人が不快感を感じて心身の健康が害されたり、快適に暮らせなくなったりする公害を取り上げています。

　このシリーズを読んでいただくにあたっての重要なキーワードを紹介します。

①「四大公害病」

　……以下の4つの公害病のこと。
　　水俣病・イタイイタイ病・
　　四日市ぜんそく・新潟水俣病

②「典型7公害」

　……以下の7つの種類の公害のこと。
　　大気汚染・水質汚濁・土壌汚染・
　　騒音・振動・地盤沈下・悪臭

　現在では、典型7公害にふくまれない公害も発生していますが、これについては『新しい公害と環境問題　交通公害・日照不足・有害物質ほか』の巻でくわしく解説しています。

　この本の巻末には、「公害問題解決のための『公害紛争処理制度』」「公害・環境問題 ネットガイド ―アクセスして調べてみよう―」を掲載しています。資料として利用してください。

本文中のきまりごと

（➡○○ページ）⇒関連記事が載っているページを示す。
（■○○）⇒関連する巻を示す。書名は以下のように省略している。
『四大公害病　水俣病・イタイイタイ病・四日市ぜんそく・新潟水俣病』
　　　　　　　　　　　　　　　　　⇒『四大公害病』
『健康被害を引き起こす公害　大気汚染・水質汚濁・土壌汚染』
　　　　　　　　　　　　　　　　　⇒『健康被害を引き起こす公害』
『生活環境をそこなう公害　騒音・振動・地盤沈下・悪臭』
　　　　　　　　　　　　　　　　　⇒『生活環境をそこなう公害』
『新しい公害と環境問題　交通公害・日照不足・有害物質ほか』
　　　　　　　　　　　　　　　　　⇒『新しい公害と環境問題』

※⇒本文中の※印がついている用語は、欄外で意味や引用元などを説明している。

地図で見る公害

1960～1990年代は、公害が全国で発生し、被害を受けた方々や地域の人たちは苦労しながら、公害問題の解決に取り組みました。この地図では、その主な地域を紹介しています。右の表では、それぞれの公害の原因や、関連する巻などを掲載しています。

❸ 大阪国際空港騒音（大阪府・兵庫県）
❹ 西淀川公害（大阪府・兵庫県）
❺ 北九州地区公害（福岡県）
❽ 四日市ぜんそく（三重県）
❼ 倉敷公害（岡山県）
❻ 水俣病（熊本県・鹿児島県）

第1章 騒音

騒音とは

騒音とは、聞く人にとって不快な音、好ましくない音のことです。人の感覚が刺激されて不快感を覚えることから、振動・悪臭とともに「感覚公害」といわれています。建物の解体工事の音や、工場の機械の音、深夜営業の店から聞こえてくる音など、わたしたちの生活の中にはさまざまな騒音があります。近年、騒音に対しては苦情が非常に多く、大きな社会問題になっています。

音の伝わり方

音の正体は振動です。物体の振動が空気をふるわせて伝わり、わたしたちの耳に届くことで音が聞こえます。たとえば、室内で音を出すと、音が壁にあたってはね返ったり（反射）、壁の内側に吸収されたりします（吸音）。壁に吸収された音の一部は、壁の反対側にぬけていきます（透過）。壁のすき間や天井裏などを通って、となりの部屋に音が伝わることもあります。音は空気中を伝わりながら、あちこちに拡散されていきます。

騒音をふせぐには、発生源を取りのぞく、発生源から距離を設ける、発生源との間に音をさえぎる物を置くといったことが有効です。

騒音の原因

騒音は、わたしたちの身の回りにある、いろいろな場所で発生しています。たとえば、建設作業の騒音、工場や事業場の騒音、深夜営業などにかかわる営業騒音、一般の家庭生活から発生する騒音などがあります。また、航空機や自動車・鉄道などの交通騒音、風力発電施設の風車の回転音による騒音、電力変換装置などの騒音もあり、さまざまな原因によって騒音が引き起こされています。

生活に密着した騒音問題はトラブルに発展することも多く、深刻です。一般家庭から発生する生活騒音は、騒音全体から見ると苦情件数こそ多くはありませんが、人口が集中する都市部

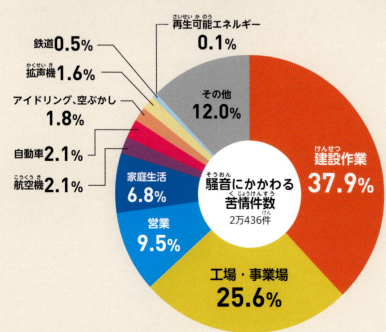

騒音にかかわる苦情件数の発生源別内訳

2022（令和4）年度

左にある騒音の苦情件数のグラフで、最も多いのは建設作業で37.9％。つぎに工場・事業場が25.6％、営業が9.5％、家庭生活が6.8％の順になっている。建設作業と工場・事業場から発生する苦情で、全体の60％以上をしめている。

人口が多い都市部は、居住地のそばに道路や鉄道、工場があったりするために、騒音公害が発生しやすい環境になっている。

出典／環境省「令和4年度騒音規制法等施行状況調査の結果について」

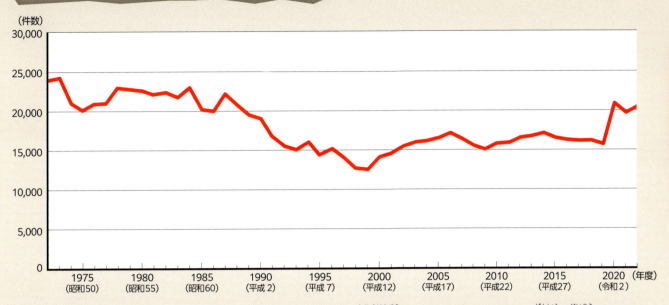

騒音にかかわる苦情件数の推移

出典：環境省「令和4年度騒音規制法等施行状況調査の結果について」

グラフは、1972（昭和47）年から2022（令和4）年までの年度ごとの苦情件数。1999（平成11）年までは減少の傾向にあったが、2000（平成12）年以降は増加が続いている。2020（令和2）年に急激に苦情が増えたのは、新型コロナウイルス感染症の流行によって自宅ですごす時間が増えたことが原因ではないかと考えられている。

を中心に大きな社会問題になっています。生活騒音の発生源は、洗濯機や掃除機などの家庭用電気機器、楽器の音やペットの鳴き声など、さまざまです。さらに、住んでいる集合住宅の床や壁に使われている建築材の防音性が低いといった、住宅事情が関係することもあります。

人によって、生活騒音の感じ方はちがいます。自分にとって快適な音でも、ほかの人には不快に感じられる音もあります。気分や、周囲の人間関係にも影響されるし、時間帯や気候によっても変わります。一度不快だと思った音は、その後、敏感になって、どんなに小さな音でも騒音に感じてしまうことがあります。

生活騒音は、人の生活にともなって発生する音なので、完全になくすことはできません。そのため、自分の出している音が周囲に迷惑をかけていないか、気を配ることが大切です。生活騒音を規制する法律はありません。問題が起きたら、相手や住宅の管理人に相談したり、市区町村に相談したりしましょう。第三者が間に入るほうがよい場合もあります。

騒音に対する気配り

生活騒音は、生活の中で発生するものなので、だれもが加害者にも被害者にもなりえます。生活の中で自分が出している音が、周囲の人に不快でうるさい音として受けとられることもあります。わたしたち一人ひとりが、生活騒音問題を生じさせないように注意しなければいけません。また、日ごろから、近所の人たちと仲良くして、おたがいを思いやる気持ちを持てるような関係をきずいておくことが大切です。

騒音をなくす5つの気配り

①時間帯に気をつけましょう。
　……深夜や早朝は特に注意！
②音がもれない工夫をしましょう。
③音を小さくする工夫をしましょう。
④音の小さい機器を選びましょう。
⑤ご近所とのおつきあいを大切にしましょう。

出典／環境省のパンフレット『互いの思いやりで騒音のない社会を』をもとに作成。

第1章 騒音

暮らしの中で生じる生活騒音

生活騒音の発生源には、さまざまなものがあります。

1 家庭用電気機器からの騒音
掃除機、洗濯機、乾燥機、冷蔵庫など。

2 住宅設備、住宅構造による騒音
風呂、トイレの給排水、ドアの開閉など。

3 楽器・音響機器からの騒音
ピアノなどの楽器、テレビ、ラジオ、ステレオなど。

4 その他、生活行動にともなう騒音
話し声、笑い声、泣き声、人がとびはねたり走り回ったりする音、ペットの鳴き声、自動車の※アイドリングや空ぶかしの音など。

2022(令和4)年度生活騒音の苦情件数(全国)

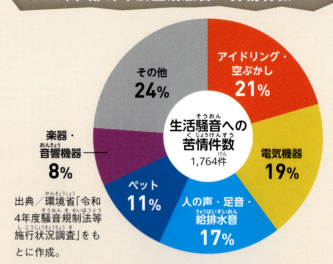

生活騒音への苦情件数 1,764件
- アイドリング・空ぶかし 21%
- 電気機器 19%
- 人の声・足音・給排水音 17%
- ペット 11%
- 楽器・音響機器 8%
- その他 24%

出典/環境省「令和4年度騒音規制法等施行状況調査」をもとに作成。

2022(令和4)年度の生活騒音への苦情件数は合計1,764件。そのうち、家庭生活から発生した騒音の苦情は1,399件だった。アイドリング・空ぶかし音は365件で21%、電気機器が19%、人の声・足音・給排水音が17%、ペットが11%、楽器・音響機器が8%になっている。

生活騒音の種類と騒音対策

出典/環境省のパンフレット『互いの思いやりで騒音のない社会を』をもとに作成。

1 家庭用電気機器からの騒音

家庭用機器の性能や特徴によっては騒音になる可能性があります。品質表示ラベルなどに書かれた騒音値を参考にして、低騒音の機器を使いましょう。

- **掃除機** ☑使用する時間に注意する
- **エアコン・室外機** ☑位置や向きに注意する
- **家庭用ヒートポンプ給湯機** ☑夜に稼働することが多いため稼働音に気をつけて設置する
- **洗濯機・冷蔵庫** ☑音や振動が伝わらない置き方をする(例:防振や消音のマットをしく)

2 住宅設備・住宅構造による騒音

住宅自体が防音性の高い構造でない場合、騒音につながることがあります。天井や壁に吸音材や遮音シートを貼る工事を行うと、騒音をへらせます。ドアの開閉などにも注意しましょう。

- **ドアの開閉音**
  ☑乱雑に開け閉めしない
  ☑引きずらない
  ☑すき間テープなどの緩衝材をつける
- **風呂などの給排水音** ☑早朝や深夜の利用をひかえる
- **家具の移動音** ☑床にマットなどをしく

※アイドリング:エンジンをかけているが、車を動かさない状態。

生活騒音を未然に防止する

生活騒音は、毎日の生活の中で出る音なので、音の種類や音の出る時間、音の出る場所もさまざまです。昼間は気にならない音でも、早朝や夜間など、まわりが静かなときはうるさく感じることもあります。一度や二度なら気にならなくても、度重なるとたえられなくなりがちです。

生活騒音は、「国が定めた[※1]環境基準値の範囲内で、45[※2]dBだから問題がない」などとは簡単にいきません。生活をするうえでは、周囲の人の迷惑にならないように、できるだけ生活騒音を出さない工夫をすることが大切です。それでも難しい場合は、必要に応じて、さらなる防音対策が必要になります。

次の①～⑥は、音を小さくする方法です。

①**発生源を、影響の少ない場所へ移動**
人のいる場所から距離をとり、向きや位置に注意して設置する。

②**壁などに音や振動を伝えない**
発生源を囲うなどして、音をさえぎる。

③**音を吸収する効果がある吸音材などを使用**
厚手のカーテンやカーペットなどを使い、室内の吸音をよくする。

④**とびはね音が階下へ伝わるのをふせぐ**
床にゴムのマットなどをしく。

⑤**発生源から伝わってくる音を断つ**
発生源と壁の間に防音のついたてを立てる。

⑥**生活騒音について、ルールづくりを行う**
戸建住宅、集合住宅について、それぞれ地域で話し合って共同のルールを決める。

3 楽器・音響機器からの騒音

周囲へ気を配って、音量を調節しましょう。夜間はヘッドホンやイヤホンを使いましょう。

ピアノ・ドラム・ギター等の楽器類
☑ 本格的な防音対策をする
☑ カーペットをしくなど、室内の吸音性を高める

テレビ・オーディオ機器・目覚まし時計
☑ 適正な音量に設定する
☑ 周囲への影響を考えて設置する

4 その他の騒音

暮らしの中では、さまざまな音が出ます。工夫をすれば、音を小さくできます。

ペットの鳴き声
☑ 小さいときからしつける
☑ 飼育場所に気をつける
☑ 習性を知ってから飼う

話し声
☑ 大声を出さない
☑ 窓を開けたまま話さない

室内・階段の足音
☑ マットなどをしいて音を小さくする
☑ 歩き方に注意する

車のアイドリング音
☑ [※3]暖機運転はひかえる

※1 環境基準：人の健康、生活環境などのために保たれることが望ましい基準。 ※2 dB：dBは音の大きさを表す単位。住居の場合、昼間は55dB、夜間は45dBが基準値とされる。 ※3 暖機運転：エンジンをかかりやすくするために、一定の時間、アイドリング（→8ページ）を行うこと。

日本の騒音問題の歴史

騒音問題の始まり（明治時代～1960年代ごろ）

日本における騒音の規制は、明治時代から始まりました。工場や蒸気機関（熱機関）に対する規制が行われ、周囲の環境に対して配慮すべきだと考えられていました。その後、時代とともにさまざまな騒音問題が発生していきました。

工場騒音 1960年代には、工場などからの騒音が、公害として認識されるようになります。市街地にある鉄工所、板金工場、プレス工場など、さまざまな中小企業から発生する騒音に対して、近所から多くの苦情がよせられました。

1968（昭和43）年に「騒音規制法」（→14ページ）が制定されると、地域的な問題だった騒音が、全国的な問題となって規制が始まりました。騒音が大きい機械をあつかう場合は、市町村長、特別区長などへの届け出が必要になり、工場の騒音が規制されるようになります。また、市街地から、新たにつくられた工業団地へ工場を移転させるなど、工場騒音公害への対策が進められました。

建設作業騒音 1964（昭和39）年の東京オリンピック開催にともない、首都圏は建設ラッシュにわきました。しかし、建設現場の作業音は、大きな騒音問題になります。その後、建設技術が進歩して騒音の改善が進められていますが、現在も建設現場が大きな騒音源であることに変わりありません。

交通機関による騒音公害（1960年代半ば以降）

交通機関による騒音問題は、自動車、新幹線、航空機が普及し始めたころから発生しました。日本の高度経済成長期にともなって、物資の輸送や人の移動が増えたこと、鉄道や船舶だけでなく、自動車や航空機の利用が増加したことが影響しています。

航空機騒音 大型の旅客機は大きな騒音を発していました。飛行機の騒音に悩まされた大阪国際空港周辺の住民は、1969（昭和44）年、夜間発着の差し止めと損害賠償を求めて裁判を起こしました。1975（昭和50）年、大阪高等裁判所で、ようやく原告側の住民のうったえが聞き入れられ、過去の損害賠償と、21時から翌朝7時までの飛行禁止が認められました。

自動車騒音 自動車騒音問題が発生し始めたのは、物資の輸送に、鉄道よりも車が利用されることが増えた1960年代半ばごろからです。自動車の保有台数が急増し、道路の交通量も増え、騒音対策が求められました。

住宅密集地の上をかすめるように飛ぶ、大阪国際空港への着陸機

航空機の騒音問題が深刻化したのは、大型旅客機の離着陸が始まった1970年ごろから。現在は技術の進歩によって航空機の騒音の軽減化が進み、滑走路の移転や改良、空港周辺の防音対策も行われている。国内・国際的な基準にもとづき、離陸・着陸時に騒音をへらす運航方法を取り入れるなど、さらなる取り組みに努めている。

写真提供／朝日新聞

高層住宅群の間を基準値で走る山陽新幹線

1966〜1967年に新幹線沿線全域に防音壁が設置され、騒音レベルは大きく低減された。1972年に開業した山陽新幹線（岡山-博多は1975年開業）では、高架橋と一体になったコンクリート製の防音壁が使用された。
1975年、環境省は新幹線鉄道騒音にかかわる環境基準を制定。住居地域で70dB以下、商工業地域で75dB以下を基準値に定めた。
写真提供／朝日新聞

第1章 騒音

新幹線鉄道騒音 1964（昭和39）年10月、東京―新大阪間の東海道新幹線が開通しましたが、当初から大きな騒音が問題になりました。1974（昭和49）年、名古屋市の東海道新幹線沿線の住民が、日本国有鉄道（現在のJR）に対し、新幹線の減速と損害賠償を求めて裁判を起こしました。裁判所は被害を認め、慰謝料の支払いを命じましたが、新幹線が交通機関として高い公共性を持つことを理由に、騒音や振動をへらすための減速は命じませんでした。その後、最高裁判所へ上告され、1986（昭和61）年に和解協定が成立します。以後、騒音対策が進み、環境基本法で定められた最低限必要な環境基準を達成する地域も増えていきます。

生活騒音問題の広がり（1970年代の後半以降）

営業騒音 1970年代に入ると、夜型社会の拡大にともなって、新たな都市型の騒音である営業騒音の問題が発生しました。深夜営業の飲食店やコンビニエンスストア、カラオケ店などが増え、その音楽や人のざわめきに対して苦情が急増しました。バッティングセンター、ゴルフ練習場など、開放型の施設からの騒音も問題になりました。拡声機を使った営業活動による騒音も起きています。

生活騒音 1970年代後半から、一般家庭の日常生活から発生する生活騒音が問題になり始めました。都市化が進み、人々の暮らしや住環境の変化によって、深刻なトラブルに発展するケースも起きています。近隣から聞こえる楽器の音や自動車のアイドリングの音、ペットの鳴き声など、さまざまな苦情が発生しています。

低周波騒音 低周波音は、音の中でも特に低い音のことです。低周波音による騒音の発生源は、工場の機械や空調の室外機、船舶やヘリコプターなど、さまざまです。1975（昭和50）年ごろ、高架道路による低周波音の騒音が話題になり、広く知られるようになりました。

風力発電施設の風車騒音も、低周波音の騒音です。風車が風を切る音と、風車内部の機械音が合わさった音が、風車騒音になっています。風車は、静かな地域に設置されることが多いため、周囲の住民はより気になりやすいといえます（📖『新しい公害と環境問題』14ページ）。

11

騒音がもたらす影響

人体への影響（生理的影響）

騒音は、人の健康に害をおよぼすことがあります。聴覚は、直接健康被害を受けやすく、騒音によって聴力が低下するなどの聴力障害を生じることがあります。爆発音などのような大きな音は難聴の原因になり、一時的に聴力が低下することもあります。

また、長時間大きな騒音にさらされると、永続的に聴力が低下することもあり、建設現場など、大きな音が出る環境で働く人は、聴力障害を発症しやすくなります。

騒音は、睡眠を妨害することもあります。寝つきが悪くなる、夜中に目が覚めてしまう、深い眠りが得られなくなるなどの症状が見られます。睡眠は人の重要な生理的欲求なので、睡眠を妨害されると苦痛を感じたり、日常生活に影響が出たりします。

心理的影響

騒音によって、心理的なストレスを受けて、気持ちがいらいらしたり、思考力が低下したりすることがあります。たとえば、マンションなどの集合住宅で、隣人の物音が気になり始めると、その音の大小に関係なく、つねに気になってしまうことがあります。集合住宅における騒音トラブルは、騒音によって受けるストレス（騒音の心理的影響）から始まるものが多く見られます。幹線道路や空港、工場など、騒音の発生源の近くに住む人の悩みはより深刻です。

音が大きくなると、影響は心理的なストレスにとどまらず、自律神経のバランスがくずれて眠れなくなったり、精神的な病気になったりすることもあります。睡眠に影響をあたえない騒音レベルは、30dB以下とされています。

騒音の4つの悪影響

生理的影響
聴力障害、睡眠妨害など

心理的影響
いらいらする、思考力の低下など

深刻な影響が！

活動妨害
会話が聞き取れない、作業効率の低下など

社会的影響
土地の価格の低下、家畜への影響など

ある人にとっては気にならない音でも、ほかの人にとっては騒音と感じられ、悪影響を受けることがある。騒音が大きくなるほど、さまざまな影響が出やすくなり、85dB以上の騒音を長期にわたって聞き続けると、難聴など、聴覚への影響が現れやすい。

騒音レベルと騒音による影響

出典／総務省 公害等調整委員会の資料をもとに作成。

85dB以上の音を長期間聞き続けると、難聴になることもある

会話や電話が聞き取れない

集中力が低下する

睡眠妨害

騒音レベル(dB)	
120	▶飛行機のエンジンの近く ▶飛行機離着陸の直下
110	▶自動車のクラクション
100	▶電車が通るときのガードの下 ▶建設工事現場
90	▶地下鉄の車内 ▶バスの車内
80	▶列車（屋外） ▶さわがしい街頭
70	▶電話のベル（1m以内） ▶静かな街頭
60	▶ふつうの会話 ▶静かな事務所内
50	▶静かな住宅地（昼）
40	▶図書館内
30	▶ささやき声

＊数値は目安です。騒音の影響は、さまざまな条件によってちがってきます。

第1章 騒音

活動妨害

騒音は、わたしたちの日常生活で行われるさまざまな活動において、悪影響をおよぼします。騒音のために、なんらかの作業ができなくなったり、集中できずに作業の効率が落ちたりすることもあれば、会話や電話、テレビの音、聞いている音楽が聞き取りにくくなるといったこともあります。

このように、騒音によって「聞く」という行為を妨害されることを、騒音の「活動妨害」といいます。ゆっくり静かにくつろぎたいと思っているときに、騒音によって、くつろぎを妨害されてしまうことも活動妨害にふくまれます。

社会的影響

飛行場の近くや、幹線道路沿い、工場の近くなど、騒音レベルの高い地域は、土地の資産価値が下がることがあります。同じマンションでも、騒音のレベルによって、部屋の販売価格にちがいが出る場合があり、土地の利用方法自体に制限が生まれることもあります。また、騒音は乳牛などの家畜にも影響し、乳生産の量がへるといったこともあります。

このように、騒音は人の体や心、日常生活の活動をおびやかすだけでなく、まわりの人との人間関係や、土地の値段、家畜にまで影響をおよぼしてしまうため、現代社会の大きな問題となっています。

13

騒音の状況と防止対策

騒音規制法の制定

騒音規制法は、工場や事業場の活動、建設工事にともなって発生する騒音についての規制を行い、自動車騒音などの許容限度を定めるため、1968（昭和43）年に制定されました。国民の生活環境の保全や、健康の保護を目的とした法律です。

ただし、この法律は、明らかに大きな騒音を発生させる工場の事業主などを規制の対象とする法律です。身のまわりで起きる、個人の日常生活の騒音は対象となっていません。

規制のしくみ～規制対象と規制基準～

騒音規制法では、都道府県知事や市長・特別区長によって、騒音について規制する地域が指定されています。そして、規制対象ごとに、それぞれ規制基準などが定められています。

工場や事業場、建設作業から発生する騒音の規制対象を「特定工場・事業場」「特定建設作業」として、それぞれ区域内での騒音の大きさについて、細かい規制基準が定められています（➡15ページ）。

届け出義務

指定地域内において、工場や事業場などに騒音を発生する特定施設を設置する場合や、特定建設作業を行う場合は、各市町村長や特別区長に事前に届け出が必要となります。

特定施設は設置開始の30日前、特定建設作業は作業開始の7日前までに、市町村長や特別区長に届け出を行う義務があります。届け出をしなかった場合は、罰則を受けることがあります。

行政措置

特定施設を設置している工場や事業場が行う特定建設作業から発生する騒音に対して、騒音規制法での規制基準が守られていない場合や、周辺の生活環境に影響が出ていることが認められた場合は、市町村長や特別区長が改善を求めます。それにしたがわない場合は改善命令が出されます。命令に違反した場合は、罰則があります。

自動車が道路を走る場合に発生する自動車騒音については、市町村長が道路管理者や都道府県公安委員会などへ改善を求めます。

出典／環境省のパンフレット『騒音規制法』をもとに作成。

騒音規制法における規制対象

工場・事業場騒音

指定地域内に「特定施設」のある工場・事業場が、「特定工場・事業場」として規制対象になり、規制基準が定められている。

建設作業騒音

指定地域内の建設工事で行われる作業のうち、「特定建設作業」が規制対象になり、規制基準が定められている。

自動車騒音

指定地域内における自動車騒音について限度値が定められ、単体の自動車が道路を運行する場合の自動車騒音について許容限度が定められている。

騒音にかかわる行政措置

出典／環境省のパンフレット『騒音規制法』をもとに作成。

「特定施設」を設置する工場・事業場や、
「特定建設作業」に対して……

周辺の生活環境が
そこなわれている
＋
規制基準不適合
→ **改善を求める** 求めにしたがわない場合 → **改善命令** 命令に違反した場合 → **罰則**

自動車騒音に対して…

周辺の生活環境が
そこなわれている
＋
騒音の許容限度を超過
→ 都道府県公安委員会への申し出、道路管理者などに意見を述べる

第1章 騒音

騒音規制法の対象

特定工場・事業場の規制

　騒音規制法では、指定地域内に大きな騒音の出る「特定施設」を設置している工場や事業場に対して、規制が定められています。指定されているのは、大きな騒音を発生させる施設の機械で、金属加工機械、空気圧縮機、送風機、土石用や鉱物用の破砕機、織機、建設用資材製造機械、穀物用製粉機、木材加工機械、印刷機械などです。区域ごとに、時間帯による騒音基準値が40〜70dBの間で定められています。

特定建設作業の規制

　指定地域内の建設工事で発生する、非常に大きな騒音も規制しています。くいを地中に打ちこむなど、大きな騒音を発生させる機械を使った作業を、規制対象の「特定建設作業」に指定していて、1日あたりの作業時間と作業期間、騒音基準値（85dB以下）が定められています。

自動車騒音の規制

　走行する自動車から発生する騒音の大きさの限度値が、環境大臣によって定められています。都道府県知事などが定める指定地域内で、自動車騒音の測定を行い、環境省が定めた限度値（区域ごとに時間帯によって、65〜75dBの間で設定）を超えている場合や、周辺の生活環境が大きくそこなわれていると認められる場合、市町村長は都道府県公安委員会に道路交通規制などの措置をとるように求めることができます。

深夜騒音などの規制

　深夜営業をする店や、拡声機を使った営業活動などの騒音については、各都道府県や市町村、特別区などが、それぞれの地域の実情に応じて必要な対策を取ることになっています。
　地域の実態を一番理解している各地方公共団体が、住民の生活環境を守るため、条例を制定して、騒音の規制や指導を行う場合もあります。

第2章 振動

振動とは

公害としての「振動」は、建設作業が行われている場所や、工場、道路などで発生しています。振動によって心身の健康が害されたり、生活環境がそこなわれて、快適に暮らせなくなったりすることがあります。振動が起きる原因や、振動があたえる影響について考えましょう。

振動の原因と被害

公害として問題になる振動には、建設作業や工場によるもの、自動車や鉄道といった交通機関によるものなどがあります。地盤をゆらして、周囲の建物を振動させ、人の生活環境や健康に影響をあたえます。これを「振動公害」と呼んでいます。振動公害は、「典型7公害」の一つに数えられています。

振動の被害は、人の心身への被害と、物的な被害に分けられます。心身にあたえる被害としては、いらいらする、不快に感じる、寝つきにくい、目が覚める、思考が止まる、作業がさまたげられるなどがあげられます。

物的な被害としては、室内の家具や調度品がこわれる、壁やタイルがひび割れる、家の建てつけが悪くなるといったものが見られます。

振動公害は、騒音公害と同時に発生することが多いですが、騒音にはない難しい一面があります。それは、場所などによって振動の影響が変わることです。振動は地面を伝わりますが、地質の構造によって伝わり方が変わります。また、建物の種類や構造、古さなどによっても、振動の感じ方が変わるのです。

振動にかかわる苦情件数の推移
1974(昭和49)〜2022(令和4)年度まで

グラフ1

振動にかかわる苦情件数の推移

2022(令和4)年度に全国の地方公共団体が受理した振動にかかわる苦情件数は4,449件。前年度の件数(4,207件)と比べて242件多く、5.8%増加した。
出典／環境省「令和4年度振動規制法等施行状況調査の結果について」をもとに作成。

振動の苦情実態

騒音や振動の多くは、建設工事にともなって発生しています。特に振動については、苦情のほとんどの原因が建設工事によるものです。

16ページの グラフ1 では、1974（昭和49）年度から2022（令和4）年度までの苦情件数の変化を示しています。苦情が減少していた時期もありましたが、令和時代に入って増加傾向にあります。

右の グラフ2 と下の グラフ3 では、2022（令和4）年度の苦情件数とその内訳を示しています。発生原因別に見てみると、「建設作業」が最も多く、ついで「工場・事業場」、「道路交通」になっています。この3つを合わせた苦情件数が、全体の9割以上をしめています。

振動に対する苦情は、都道府県や市区町村の公害苦情相談窓口に持ちこまれます。住民から苦情が持ちこまれると、地方自治体の担当部署が、まず苦情を持ちこんだ人から事情を聞き取り、発生源を調べます。次に振動を発生させている側から聞き取り、必要と判断したときは現地調査をします。そして、関係者への働きかけをしていきます。

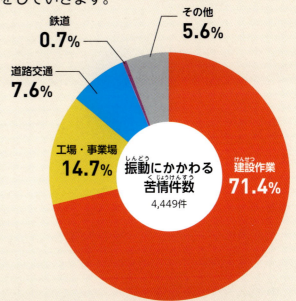

グラフ2　振動にかかわる苦情件数の発生源別内訳
2022（令和4）年度

建設作業が全体の71.4％（3,178件）と最も多く、ついで工場・事業場が14.7％（652件）、道路交通が7.6％（336件）、鉄道が0.7％（32件）の順になっている（グラフ2、グラフ3）。

第2章　振動

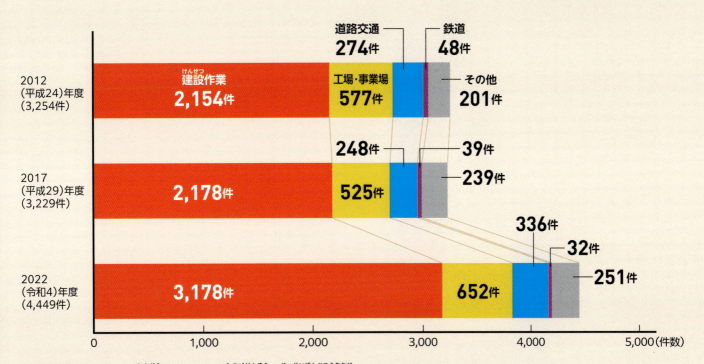

グラフ3　5年ごとの振動にかかわる苦情件数の発生源別内訳　2012（平成24）～2022（令和4）年度

2012（平成24）年度から2019（令和元）年度まで、苦情件数は3,000～3,500件の間を上下していたが（グラフ1）、2020（令和2）年から急激に増えている。

出典／グラフ2、グラフ3は、環境省「令和4年度振動規制法等施行状況調査の結果について」をもとに作成。

振動のレベル

振動には、上下方向にゆれる「※1鉛直振動」もあれば、水平方向にゆれる「水平振動」もあります。一般的に、鉛直振動のほうが水平振動よりも強いゆれを感じるようです。振動の感じ方は、振動の振幅（ゆれ幅）や、1秒あたりの振動の回数「振動周波数」によっても変わります。振動周波数は、ゆっくりゆれるよりも、同じゆれ幅で小きざみに速くゆれるほうが、大きな力が働いています。

振動を測定する場合は、「振動レベル計」が使われます。この計器で、ゆれる方向と振動の大きさ、振動場所の変化のほか、振動の速度や※2加速度も測ります。

工場や建設作業の現場が振動の発生源で、基準値を超える振動が発生していることを明らかにしたい場合、工場や建設作業場の最も発生源に近い※3敷地境界線の近くで測定します。被害を受けている住宅に、基準値を超える振動が伝わっていることを証明したい場合は、その住宅の敷地境界線近くで測定します。実際に測定を行うときは、方向を定め、振動レベル計が水平面を保てるように、傾斜やおうとつのない、かたい面の上に設置して行います。

振動の種類と伝わり方

振動は、地面や地盤を通って伝わっていくため、地盤のかたさによって、振動の強弱がさまざまに変わります。振動には、物が落ちたり、衝突したりするなどの力が加わって起きる衝撃的な振動や、起きたり止んだりするような断続的な振動、連続的に続く振動などがあります。

※1 鉛直振動：たてにゆれる振動で、人の歩行やとびはね、住宅の備えつけ機器などから発生する。 ※2 加速度：一定時間内に速度が変化する割合。 ※3 敷地境界線：土地と土地とのさかい目を示す線。

振動源から住宅への振動の伝わり方

＊振動レベルは、振動の大きさを人間の感じ方に合わせて表示するもので、振動レベル計で測定します。

振動は、地表面だけでなく、地盤の中にも伝わる(②)が、地質の特性や構造によって振動の伝わり方が変わる。振動は、地盤を伝わる間に小さくなっていくが、発生源からの距離が同じなら、砂・レキをふくむ地盤より、摩擦力の小さい粘土質の地盤のほうが振動のへり方が大きい。また、同じ地面のゆれでも、建物の構造や高さによってゆれ方が変わる。

出典／環境省のパンフレット『よくわかる建設作業振動防止の手引き』をもとに作成。

振動による感覚的・心理的・物的影響

出典／『振動規制の手引き－振動規制法逐条解説/関連法令・資料集－』（振動法令研究会 著）、気象庁震度階級関連解説表「人の体感・行動、屋内の状況、屋外の状況」をもとに作成。

振動レベル 単位(dB)	振動の影響	人の体感、屋内の状況	ゆれの目安（震度）
85～95	90dBで生理的影響が生じ始める。	ほとんどの人がおどろく。眠っている人のほとんどが目を覚ます。屋外の電線、室内でつり下げている物が大きくゆれ、棚の食器類が音を立てる。	4
75～85	75dBで深い眠りに対して影響が出始める。	屋内にいるほとんどの人がゆれを感じ、眠っている人の大半が目を覚ます。電線が少しゆれる。棚にある食器類が音を立てることがある。	3
65～75	70dBで過半数の人が振動をよく感じる。65dBで浅い睡眠に影響が出始める。	屋内にいる人の大半がゆれを感じ、眠っている人の一部が目を覚ます。つり下げている物が、わずかにゆれる。	2
55～65	55dBで振動を感じ始める。	屋内にいる人の一部が、わずかなゆれを感じる。物的な影響はない。	1
55未満	人体への影響はないが、振動レベル計には記録される。	人はゆれを感じず、物的な影響もない。	0

右端の列にある「震度」は、ある場所の地震のゆれの強弱の程度のこと。ここでの震度は、dB（振動値）に対するゆれの目安。「振動レベル」は、敷地内の境界付近で計測している。70dBになると多くの人が振動を感じ、80dBになると家屋がゆれて、戸や障子がガタガタと音を立てる。

振動レベルの影響

地方自治体によせられる振動公害の苦情では、感覚的なうったえや心理的なうったえが多くをしめています。

振動の一般的な実験では、視覚や聴覚に影響されない環境で、振動の刺激に対する感覚実験が行われます。振動レベルと振動の影響を見てみると、70dBになると、かなりゆれていると感じます。

わたしたちが乗り物に乗っているときは、70～90dBくらいの振動が生じています。しかし、不快に思ったりはしないものです。それは、乗り物はゆれるものだと、初めからわかっているからです。振動を不快に感じるのは、やはり人の感情が大きくかかわっているようです。

振動は、地盤を伝わって広がりますが、鉄筋コンクリートづくりや、木造ブロックづくり、鉄骨づくりなど、建物の構造によってもゆれ方が変わります。そのほか、建物の老朽化の程度によっても変わります。

振動の影響を調べる一般的な方法として、振動の被害にさらされている住民を対象としたアンケート調査と、回答者の家で行う振動測定を組み合わせた「社会調査」があります。

振動がもたらす影響

物的被害

　振動の伝わる距離は、一般的には振動の発生源から100m以内とされ、多くの場合は10～20mほどに限定されるといわれています。振動の発生源が住宅の近くにあると、当然、振動公害は発生しやすくなります。

　都市部では、ビルやマンションの建設が続いています。住宅が密集した地域に建設工事をすることも少なくありません。そうした場合、住民は振動公害に悩まされることになります。大規模なビルやマンションの場合は工事期間が長いため、住民は長期間、振動に悩まされます。

　工場や、建設作業、交通機関などから発生した振動が建物に伝わると、建物がゆれてこわれることがあります。住宅の屋根のかわらがずれたり、壁やタイルがひび割れたり、はがれたりすることもあります。室内では、障子やふすま、ドアなどの建てつけが悪くなるという例もあります。

　1975（昭和50）年、東京の地下鉄、丸ノ内線を通る列車の振動によって、住宅の外壁がはがれたという報道がありました。しかし、最近では、振動に対する研究が進んでいて、地下鉄沿線に建てられた集合住宅では、地下鉄の振動対策を行っているところもあります。

　東京都千代田区は、道路の面積が区の全体面積の約2割をしめています。幹線道路や高速道路が多いため、自動車交通による振動や騒音が、区民の生活に大きな影響をあたえています。千代田区では公害の実態を知るために、区内のいくつかの交差点で、定期的に振動や騒音、交通量の調査を行っています。

　自動車交通による振動を少なくするためには、道路の構造の改良や、維持管理を徹底して行うこと、ときには交通規制を行うことも効果があるといわれています。

地下鉄丸ノ内線の列車の振動のためか、壁がひび割れてくずれ落ちた建物。東京都文京区本郷で1975年（昭和50年）に撮影。

写真提供／毎日新聞

人への影響

振動の体への影響

人の体には、外部からの振動の刺激を受け取る神経がはりめぐらされています。継続的に振動が伝わる場所で長い期間、過ごしていると、脳や神経経路が刺激されて、体に悪影響を受けます。振動の影響で心理的なストレスが生まれて、不安感をおぼえたり、睡眠障害になったりすることもあります。

振動の健康被害

強い振動による刺激は、脳や肺、心臓など体のさまざまな部分に損傷をあたえるといわれています（下の表）。90dB以上の振動を感じた場合、交感神経系が興奮し、体に不調をもたらすと考えられています。

具体的には、血管が収縮したり、心拍数が増加したり、血圧が上昇したり、呼吸が増加したりすることがあります。ただし、90dBという振動レベルは、日常生活でほとんど体感することはありません。

振動の睡眠への影響

睡眠中に振動を感じたとき、どのくらいの人が起きるか、実験が行われたことがあります。

振動の体への影響

振動は、体のさまざまな箇所に、悪影響をあたえる。

損傷を受けるところ	脳、肺、心臓、消化管、肝臓、腎臓、脊髄、関節など。
心臓・血管などの循環器系への影響	血圧上昇、心拍数増加、心拍出量減少など。
肺などの呼吸器系への影響	呼吸数の増加。
代謝への影響	酸素消費量増加、エネルギー代謝の増加など。

出典／ソーチョー（日本騒音調査）「振動の心身への悪影響（健康被害）」をもとに作成。

睡眠ステージと覚醒率

調査結果／振動によってどの程度の人が目を覚ましてしまうか

睡眠ステージ ＜眠りの深さ（深度）＞	振動レベル(dB)と覚醒率
1度 入眠期 （眠りが浅い）	60dBで0%の人が目を覚ます。
	65dBで71%の人が目を覚ます。
	69dB以上で100%の人が目を覚ます。
2度 軽睡眠期 （眠りがやや浅い）	60dBで0%の人が目を覚ます。
	65dBで4%の人が目を覚ます。
	69dBで24%の人が目を覚ます。
	74dBで74%の人が目を覚ます。
	79dBで100%の人が目を覚ます。
3度 中等度睡眠期 4度 深睡眠期 （眠りが深い）	74dB以下で0%の人が目を覚ます。
	79dB以上で50%以下の人が目を覚ます。
レム睡眠 （脳は活発に活動している）	深度2度と3度の中間程度の影響。

出典／ソーチョー（日本騒音調査）「振動の心身への悪影響（健康被害）」をもとに作成。

その実験結果が上の表です。眠りが浅いときに、65dBの振動があると、71%の人が目を覚ましています。

振動の心理的影響

脳や臓器など、体への影響や睡眠障害がなくても、振動が気になったり、振動が不快だと感じたりする場合は、心理的影響を受けているといえます。ある実験結果によれば、同じ振動の刺激を受けても、不快感や不安感、わずらわしいと感じる程度は人によってさまざまだということがわかっています。

振動レベルが70dBを超えるくらいになると、「振動をよく感じる」という住民からのうったえが増えるといわれています。ただし、振動の感じ方は、その人が生活する地域や年齢、性別、さらに、発生源となる相手との利害関係なども影響するといわれています。

第2章 振動

振動の状況と防止対策

振動規制法の制定

振動を規制するものには、国が定めた「振動規制法」と、地方自治体が独自に定めた規制があります。1971（昭和46）年に発足した環境庁（現在の環境省）は、振動公害を規制する法律をつくるため、振動規制検討委員会を設置します。そして、1976（昭和51）年12月に振動規制法が施行されました。

振動規制法は、住民の生活環境を守り、健康を保護することを目的につくられた法律です。工場や事業場、建設作業、道路交通などによる振動について、規制の基準などが定められています。大まかな地域や基準値の範囲は、この法律で示されていますが、具体的な地域を指定したり、基準値に範囲を設けたりする場合は地方自治体によって定められます。

たとえば、東京都では、「環境確保条例（都民の健康と安全を確保する環境に関する条例）」で、日常生活などにおける騒音・振動の大きさの基準値を定めています。

規制のしくみ～規制対象と規制基準～

振動規制法では、都道府県知事や市長、特別区長が、振動について規制する地域を指定することになっています。指定された地域では、規制対象ごとに規制基準などが定められています。工事の対象となる業者や道路管理者などは、指定地域や規制基準などの内容について、都道府県や市、特別区に確認する必要があります。

届け出義務

指定地域で、非常に大きな振動を発生する「特定施設」を設置する場合や、非常に大きな振動を発生する「特定建設作業」を行う場合には、届け出をする義務があります。特定施設は施設を設置する30日前まで、特定建設作業の場合は作業を行う7日前までに市町村長や特別区長に届け出なければなりません。違反した事業者は、罰則を受ける可能性があります。

行政措置

規制基準や限度値を超える振動で周辺の生活環境が悪化していると認められる場合、市町村長や特別区長は、改善を求めたり、都道府県公安委員会へ要請したりすることができます。

振動にかかわる規制対象と規制基準

出典／環境省のパンフレット『振動規制法』をもとに作成。

建設作業振動

指定地域内の建設工事で行われる作業のうち、「特定建設作業」が規制対象になり、区域ごとに振動の大きさなどの規制基準が定められている。

工場・事業場振動

指定地域内の工場・事業場のうち、「特定施設」を持っていたり、新たに設置したりする場合、「特定工場・事業場」の規制対象になり、規制基準が定められている。

道路交通振動

指定地域内の道路交通振動については、住居の環境を保全する区域、住居と商工業の環境を保全する区域で、それぞれ限度値が定められている。

振動にかかわる行政措置

出典／環境省のパンフレット『振動規制法』をもとに作成。

「特定施設」を設置している工場・事業場、「特定建設作業」に対して…

振動で周辺の生活環境がそこなわれている
＋
規制基準不適合

→ **改善を求める** 求めにしたがわない場合 → **改善命令が出る** 命令に違反した場合 → **罰則**

道路交通振動に対して…

周辺の生活環境が大きくそこなわれている
＋
振動の許容限度を超過

→ **道路管理者、都道府県公安委員会へ要請**

第2章 振動

振動規制法の対象

振動を規制して住民の生活環境を守る必要があると認められる時は、住居が集まっている地域、病院や学校周辺の地域が「指定地域」に指定されて、振動規制法が適用されます。

指定を行うのは、都道府県知事（市の区域内にある地域の場合は市長）で、関係する町村長の意見を聞いたうえで行います。指定地域でない区域では、振動規制法は適用されません。

特定工場・事業場の振動規制

振動規制法では、非常に大きな振動を発生させる施設を「特定施設」として定めています。金属加工機械、圧縮機、土石用や鉱物用の粉砕機などがあり、騒音規制法の特定施設とほぼ同じです。これらの施設（機械）を設置している工場や事業場を「特定工場・事業場」として、規制の基準が設けられています。

振動の大きさは、区域ごとに時間帯で定められています。特に静けさを保つ必要がある住居用の区域では、昼間は 60 〜 65dB、夜間は 55 〜 60dB、住居・商工業用に使われている区域では、昼間は 65 〜 70dB、夜間は 60 〜 65dB が規制基準です。

特定建設作業の振動規制

「特定建設作業」は、ブレーカーやくい打ち機を使う作業や、鋼球を使って建築物などを破壊する作業などが規制の対象になっています。

振動の大きさは、75dB を超えてはならず、区域によって作業時間や期間なども定められています。たとえば、住宅、商工業、学校、保育所、病院などの区域では、1 日 10 時間内の作業で、午後 7 時〜翌朝 7 時は行わないという規制があります。

道路交通の振動規制

道路交通の振動に関しても、限度値が定められています。住居用の区域は、昼間 65dB、夜間 60dB です。また、住居・商工業用の区域で、大きな振動の発生をふせぐ必要のある区域では、限度値は昼間 70dB、夜間 65dB と定められています。

23

建設作業の振動の現状

2022（令和4）年度の振動に対する苦情の原因は、建設作業に関するものが全体の71.4%と圧倒的に多くなっていました（➡17ページ）。今後、さらに増加する傾向にあるといいます。特に東京都や大阪府など、大都市で住宅が密集している地域の建設作業への苦情が多くなっています。

振動規制法にもとづく特定建設作業の届け出の数も、年々増えていく傾向にあります。下のグラフを見ると、2022（令和4）年度の「特定建設作業実施届出件数」は5万1,928件で、これは前年度より2,030件上まわっています。

作業の内容を見ると、最も多いのは、建物の解体工事などに使われる※ブレーカーを使用する作業で、全体の約90%をしめています。次が、くい打ち機などを使う作業で、約9%です。

このような大きな振動を発生させる特定建設作業については、振動規制法にもとづき、敷地境界線で75dBを超えないことが定められているほか、区域によって1日の作業時間を10時間以内（➡23ページ）、または14時間以内にする規制もあります。さらに作業日は、日曜日や国民の休日などではない日とされています。

しかし、どんなに規制基準を守って特定建設作業を行っても、別の問題が起きる可能性があります。たとえば、工事にともなって移動する車両が行き来して、振動が発生することもあります。そのため、特定建設作業を行う工事業者は、近隣住民に事前に通知して、十分な説明をしておく必要があるのです。

特定建設作業実施届出件数の推移

出典／環境省「令和4年度振動規制法等施行状況調査」をもとに作成。

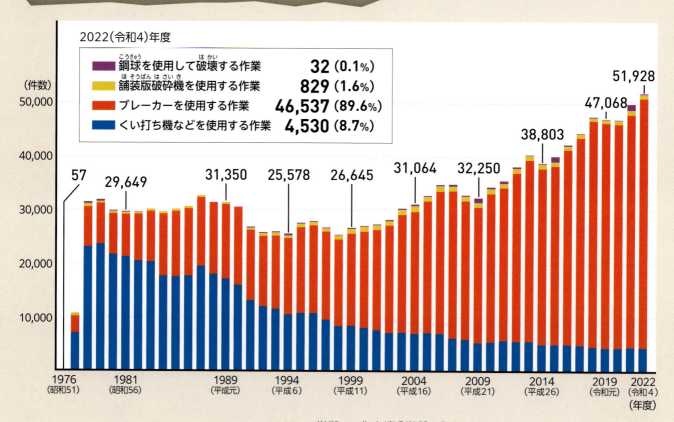

グラフは、1976（昭和51）～2022（令和4）年度における特定建設作業実施届出件数の推移。昭和時代はくい打ち機などを使う作業が多かったが、平成時代以降、ブレーカーを使う解体作業が増えていった。建設解体工事では、解体中の機械のゆれや、作業中に鉄筋やコンクリートの破片などが落ちることが振動の原因になる。

※1 ブレーカー：コンクリート構造物や岩石などをこわす重機。

振動を防止する対策

建設事業にたずさわる事業者が振動をふせぐ対策として、振動をへらせる工事の方法に変更したり、作業工程や時間帯を変更したりすることなども求められます。

振動をへらす基本的な考え方は、振動の発生源に対する対策、運搬に関する対策、振動を受ける側に対する対策に分けられます。

建設機械の改善

改善対策としては、作業内容に適した機械を選ぶ、使用する重機の台数をへらす、防振マットの上で重機の作業を行う、低振動型の建設機械を使用するなどがあります。

重機の移動や運搬の対策

工事に使用する重機の移動を最小限にし、運搬するときは、舗装されている道路や幅の広い道路を選び、必要に応じて行きと帰りのルートを別にします。また、土の運び出しや、建築資材の運び入れをするために使うトラックの使用間隔をあけるほか、警備員を主な地点に配置して監視させるなどの対策が考えられます。

振動を受ける側への対策

建設工事を行う事業者は、振動を受ける側の住む地域の規制と状況について、どうなっているのかを確認しておきます。地盤がやわらかかったり、家屋が老朽化していたりすると、壁にひびが入ることもあります。

建設工事を行う事業者は、住民に対して工事の前に説明会を開催する必要があります。そして、工事中には、住民の苦情をしっかりと受けとめなければなりません。

第2章　振動

建設工事を行う事業者の振動をへらす3つの対策

出典／環境省「よくわかる建設作業振動防止の手引き」をもとに作成。

対策	設備や機械などの対策（技術的な対策）		作業内容と作業の進め方	
① 発生源に対する対策	**建設機械の改善** ●低振動型建設機械や低振動の工事方法を選ぶ。 ●衝撃をやわらげる緩衝材の設置。 ●商用電源の採用（発動発電機は使用しない）。		**作業内容・方法の改善** ●重機の操作をていねいに行う。 ●重機の移動を最小限にする。 ●重機の台数をへらす、ほか。 **作業時間の変更・短縮** ●開始時間を遅くする。 ●終了時間を早くする。 ●休憩時間を導入する、ほか。	
② 移動や運搬への対策	●防振溝（振動対策として設けられる溝）の設置。 ※対策が大がかりになるため、実際にはあまり採用されない。		**振動発生源の移動** ●破砕作業場所を別の場所に移動する。 ●発生源である重機と住宅地との距離を十分に置いて作業する。	
③ 振動を受ける側への対策	●家屋の補強。 ●影響の大きい場合には一時的に住民に移動してもらう。 ※コストがかかるために、実際にはあまり採用されない。		**住民への接し方** ●近隣住民へ工事内容が書かれたビラを配る。事前説明会を行う。 ●住民の苦情を聞き、誠意を持って対応する。	

第3章 地盤沈下
地盤沈下とは

　地盤沈下は、地下水のくみ上げなどによって、地下の水位が下がり、地表面（地面）がしだいに沈んでいく現象をいいます。工場などが大量に地下水を採取したことによって、地盤沈下が起きた地域も少なくありません。一度、沈んでしまった地盤はもとにはもどらないので、地下水の採取を制限するなどの対策を取って、地盤沈下の進行をおさえています。

地盤沈下の原因

　地盤沈下には、地表面が広い範囲にわたって沈んでいく現象と、地表面の一定の区域が沈んでいく現象があります。地盤とは、いわゆる地面のことですが、「建物などをささえる基礎になる部分」という意味合いがあります。

　地盤の多くは、下の図のように、表土層、粘性土層、地下水をためる砂れき層（砂・レキの層）に分かれています。建物の下にある地盤は、建物の重さをささえて、安定した状態を保つ必要があります。

　地盤沈下は、地震をふくむ自然現象によって起きるもののほか、工場で地下水を採取するなど、人の行動が原因で起きるものがあります。地下水は一年間を通じて温度が一定で、安く手に入ることなどから、産業用に広く利用されてきました。第二次世界大戦後の高度経済成長期（1950年代半ば～1973年ごろ）に急激に採取量が増え、各地で地盤沈下が発生し、大きな社会問題になりました。

　また、地盤沈下は、地下にある鉱物資源の採掘、トンネルの土木工事、農地の開発などで起きることもあります。地盤沈下は少しずつ長期にわたって進行していくため、被害に気づきにくい傾向があります。しかも、一度沈下した地盤はもとにもどらず、年々少しずつ沈下していきます。

出典／環境省「令和4年度全国の地盤沈下地域の概況」をもとに作成。

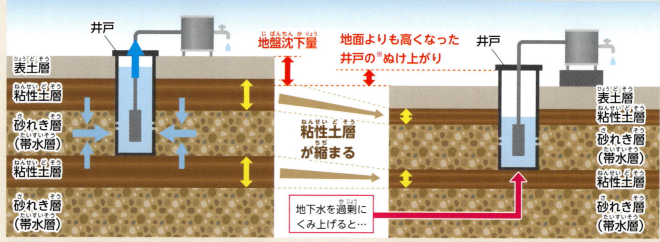

地盤沈下のしくみ―地下水を過剰にくみ上げると…

地盤沈下は、図のように地下水の採取により、粘性土層が縮まることで起きる現象である（図の左側から右側に変化）。地下水は、ふだんは雨水や川の水などが地下にしみとおって保たれている。しかし、過剰に地下水が採取されることで、砂れき層（帯水層）の水圧が低下すると、粘性土層にたまっている水が砂れき層に排出され、粘性土層が縮まる。

※ぬけ上がり：地盤沈下によって生じる現象の一つ。建物などの構造物が地盤より高くなることをいう。

一度地盤沈下が起きると、回復させることは困難です。建物がかたむくだけではなく、洪水や高波、浸水などの被害をもたらす危険性も高まります。

地盤沈下の状況

地下水は、重要な水資源です。現在でも工業用だけでなく、上水道などの生活用水、農業用水などに広く利用されています。

地盤沈下が発生した地域を中心に、地下水の採取規制をしたり、ダムを整備したりして、河川の水を利用するようにした結果、最近では大きな地盤沈下はあまり見られなくなりました。

2022（令和4）年度までに地盤沈下が観測された地域は、39都道府県の64地域でした（下の図）。

古くから地盤沈下が起きていた東京都区部や大阪府大阪市、愛知県名古屋市などでは、地盤沈下の進行がおだやかになる傾向が見られました。その一方で、雪をとかすために地下水を採取して利用している地域や、水溶性天然ガスがとけている地下水を採取している地域などでは、現在も地盤沈下が発生しています。

また、長い期間にわたって地盤沈下が続いている地域では、地盤の上につくられている建物や治水施設、港湾施設、農地などに被害が起きているところもあります。

全国の地盤沈下の状況〈2022（令和4）年度〉

地図内の数値は、2022（令和4）年度の沈下量を表したものである。2cm以上沈下した地域のある県は、宮城県、新潟県、茨城県、千葉県で、最も大きかったのは千葉県の2.46cmだった。

毎年継続して測量を実施していない一部の地域については、前回の測量実施年度から2022（令和4）年度までの沈下量を、年度平均して算出している。
＊静岡県の2地域については、衛星画像解析による地盤沈下量値にしている。

資料／環境省「令和4年度全国の地盤沈下地域の概況」

日本の地盤沈下の歴史

日本では、地盤沈下は明治時代の後期から始まったといわれています。当時は、鉄鋼産業などの重工業がどんどん発展していった時期でした。1914（大正3）年に第一次世界大戦が起きると、ヨーロッパへ輸出するための軍需用物資の製造がさかんになり、地下水の需要がいっきに増えました。

地盤沈下は、初めは、地震による地殻変動の影響などが原因ではないかと考えられていました。ところが、1923（大正12）年に起きた関東大震災のあと、地下水がくみ上げられなくなり、地盤沈下は地下水の使用が関係していることが明らかになります。そのため、地下水のくみ上げを規制して対策を取り始めました。関東大震災後は、測量がたびたび行われるようになり、地盤沈下の状況が明らかになっていきました。

①昭和初期の地盤沈下（1930年ごろ～1940年代）

東京都江東区では大正時代、大阪市西区では昭和時代の初期から地盤沈下が指摘されるようになりました。1930（昭和5）年ごろからは、一部の区間で年間15～17cmの沈下が見られるようになります。また、1934（昭和9）年、京阪神を中心として大きな被害をもたらした室戸台風では、高潮による浸水の被害があり、測量などを行って実態を確認するようになりました。産業が発展し、地下水の需要が増加した1935（昭和10）年以降は、地盤沈下も激しくなります。年間で沈下する量が最大20cmを超える地盤沈下も起きました。大阪市内では橋梁が沈んで、船が通れなくなるなどの被害が出ました。ほかにも埼玉県川口市、戸田市、神奈川県川崎市、横浜市、兵庫県尼崎市、西宮市などの地域で、地盤沈下が起きたといいます。

②戦争による地下水くみ上げの中断（1940年ごろ～1950年代）

第二次世界大戦開始後の1940（昭和15）年ごろからは地盤沈下の進行がにぶくなり、1944（昭和19）年ごろには、地盤沈下はほとんど止まりました。戦争が激しくなって産業の動きが少なくなり、地下水を採取する量がへったからです。しかし、戦争が終わって、高度経済成長期に入る1950年代半ば、ふたたび地盤沈下が起きるようになります。

その一方で、1947（昭和22）年に関東地方をおそったカスリーン台風や、1950（昭和

地盤沈下の影響で、海に沈んだ大阪の大谷重工跡。1953年、大阪市西淀川区布屋町にて撮影。
写真提供／毎日フォト

25）年に近畿地方をおそったジェーン台風は、東京都や大阪市の地盤沈下が起きていた地域に大きな水害の被害をあたえました。

③地下水採取の規制と地盤沈下の拡大
（1950年代後半～1980年代）

地盤沈下をふせぐため、1956（昭和31）年に「工業用水法」が、1962（昭和37）年に「建築物用地下水の採取の規制に関する法律」が定められました。地下水の採取を規制する法律によって、企業は地下水から、※工業用水道へと水源を変えるようになり、地盤沈下は少なくなっていきました。

一方、それまで目立った地盤沈下が見られなかった新潟市周辺で、1955（昭和30）年ごろから年間50cm以上の地盤沈下が起きました。水溶性天然ガスをふくむ地下水を大量にくみ上げたことが原因だとわかり、新潟県は水溶性天然ガスの新規採掘を原則禁止にしました。

④総合的な地盤沈下対策（1980年代～2000年代）

地盤沈下の原因がわかると、予防策が取られるようになり、以前はなかった上水道や農地用の地下水のくみ上げが規制対象になりました。1985（昭和60）年に、地盤沈下の被害が大きかった濃尾平野、筑後・佐賀平野、1991（平成3）年には関東平野北部に対して、「地盤沈下防止等対策要綱」（→32ページ）が定められ、地下水の採取量の規制、地下水位（地下水までの深さ）などの観測・調査、新しい水源の確保や節水などの対策が総合的に行われました。

⑤地盤沈下の収束と水害の課題（2000年代～）

2000（平成12）年以降、年間4cm以上の沈下が起こる地域はあまり見られなくなりました。しかし、地震による地盤沈下は変わらず起きています。2011（平成23）年3月11日に発生した東日本大震災による影響と考えられる地盤沈下が、東北地方や関東地方を中心に観測されています。宮城県気仙沼市では73.8cm、千葉県市川市で30.9cm、茨城県つくば市では15.2cmの沈下量が記録されました。

また、2024（令和6）年1月1日に起きた能登半島地震によって、石川県能登町の宇出津港などでは、最大で30cmほど地盤沈下し、海水をかぶる被害が出ました。さらに同年の9月21日から23日にかけて、能登地方は豪雨災害に見舞われ、浸水などの被害が拡大しています。

最近では、気候変動の影響と見られる激しい豪雨が日本各地で起きています。地盤が沈下した地域では、水害の危険につながらないように、さらなる対策が必要です。

第3章 地盤沈下

千葉県浦安市のマンホールのぬけ上がり。周辺の地盤沈下で路面が下がり、地面からマンホールが飛び出してしまった。2011（平成23）年3月11日に発生した東日本大震災による影響と考えられる。
写真提供／朝日新聞フォトアーカイブ

※ 工業用水道：工業用水とは、川やダムなどから採取した水を、浄水場で工業用に処理した水。その水が配水管を通り、工場へ供給される。

地盤沈下がもたらす影響

人や環境への影響

液状化による地盤沈下

　地盤沈下は、わたしたちの身近なところで起きることがあります。地盤は、つぶの大きさがちがう土や砂、水、空気で構成されていますが、砂や水分が多い地盤で大きな地震が起きると、ゆれによって地盤の中のバランスがくずれます。このとき、重い土や砂は沈み、軽い地下水や空気は上の方向に押し出され、地下水が流れ出ます。これを液状化現象といいます。地震の震度が小さくても、ゆれる時間が長ければ、液状化現象は発生します。

　液状化現象が発生したところでは、地盤沈下が発生し、地面がひび割れたり、段差ができたり、道路が陥没したりします。また、土の中に埋められている下水道管やガス管がこわれたり、マンホールがうき上がったりするなど、大きな被害が出ています。

　砂と水の成分が多い地盤が地震によってゆれると、液状化現象が発生しやすいといわれています。海岸の近くや、海抜が低い地域など、地盤が比較的ゆるいところで多く発生しています。海岸近くでなくても、過去に川や池、沼だったところを埋め立てた地域でも、液状化現象が起きることがあります。

　1995（平成7）年1月に発生した阪神淡路大震災では、神戸市で液状化現象が起きました。また、2011（平成23）年3月に起きた東日本大震災では、千葉県浦安市などで、建物や水道、ガスなどに大きな被害が出ました。いずれも埋め立てた地域で起きています。

A：千葉県浦安市の被害事例。地盤沈下によって生じた、建物のぬけ上がり（→26ページ）。建物の柱がういているのがわかる。
B：東京都葛飾区の被害事例。地面からせり上がったように、ぬけ上がり状態になった工業用井戸。
C：埼玉県所沢市の被害事例。地盤沈下によって、段差ができてしまった建物の入り口部分。

出典／環境省「地盤沈下に関する集積データを用いた取りまとめ（令和2年）」

地盤沈下による橋（大阪市北区）の損傷
大阪市内の橋梁の沈下。1928(昭和3)年に大阪市の地盤沈下の現象が知られ、その後、産業の発展で地下水の需要が増え、年間の沈下は最大で20cmを超えた。ビルのぬけ上がりや橋梁の沈下によって、船が通過できなくなるなどの被害をもたらした。
出典／環境省「大阪市大阪平野地盤環境情報令和4年度」

第3章 地盤沈下

建物への被害

地盤沈下は、必ずしも均等に下がっていくとは限りません。まず、建物の一部が沈み、しだいに建物全体がかたむいていくことがあります。かたむいた建物をそのままにしておくと、倒壊の危険性が高まります。地盤沈下は、建物に次のような被害をあたえます。

・床がかたむく。
・柱や壁がかたむく。
・外壁にひび割れが出る。
・窓が開けにくくなる。
・雨もりが起きる。
・すきま風がふきこむ。

健康への被害

地盤や建物が不ぞろいに沈んだりすると、住んでいる人の健康に影響をおよぼします。

人は、建物がかたむいても、体をまっすぐに保とうとします。しかし、その一方で柱や壁、窓の外の景色など、目から見えるもののかたむきにも脳内で合わせようとします。

すると、ふわふわとういているように感じたり、一方に引っ張られているように感じたりすることがあります。ひどいときは、めまいや頭痛、はき気や食欲不振、睡眠障害などの症状が起きる人もいます。また、体調をくずすことで、病気の回復がさまたげられるおそれもあります。建物のかたむきに対する感じ方は人それぞれですが、長い期間、その状態の建物に住んでいると、感覚がまひしてしまうこともあります。

地盤沈下への対策

地盤沈下の影響を少なくする対策として、地盤改良工事があります。地盤に人工的な改良を加えて、安定性を保つようにする工事です。改良工事には、いくつかの方法がありますが、かたむいた建物を補修するだけでも、とても高額な費用がかかるため、土地や住宅を購入するときは、十分な下調べを行うことが大切です。

第3章 地盤沈下
地盤沈下の状況と防止対策

法律などによる規制

地盤沈下の多くは、地下水を過剰に採取することで生じています。そこで、地盤沈下をふせぐために法律が整備され、対策が取られています。

地下水採取規制など

①工業用水法　1956（昭和31）年制定

地下水の採取で地盤沈下が発生している地域や、工業用水として地下水を大量に確保する必要がある地域が指定されています（下の表）。指定地域内で井戸から地下水を採取するときは、井戸ごとに都道府県知事の許可が必要です。

②建築物用地下水の採取の規制に関する法律 1962（昭和37）年制定

地下水の採取によって地盤が沈下し、高潮などによる災害が発生するおそれがある地域が指定され、一定規模以上の建築物用井戸について許可基準を定められています。現在までに大阪府、東京都、埼玉県、千葉県の4都府県4地域が指定されています。

地盤沈下防止等対策要綱

1985（昭和60）年、1991（平成3）年決定

地盤沈下が目立つ地域について、地域の状況に合わせた対策を進めていくために、地域ごとの「地盤沈下防止等対策要綱」（➡29ページ）が定められています。

対象地域は、関東平野北部（茨城県、栃木県、群馬県、埼玉県、千葉県）、筑後・佐賀平野（福岡県、佐賀県）、濃尾平野（岐阜県、愛知県、三重県）の3地域です。

工業用水法による指定地域（10都府県17地域）

都府県	指定地域
宮城県	仙台市の一部、多賀城市の一部、宮城郡七ヶ浜町の一部
福島県	南相馬市の一部
埼玉県	川口市の一部、草加市、蕨市、戸田市、鳩ヶ谷市、八潮市、さいたま市の一部
千葉県	千葉市の一部、市川市、船橋市、松戸市、習志野市、市原市の一部、浦安市、袖ヶ浦市の一部
東京都	墨田区、江東区、北区、荒川区、板橋区、足立区、葛飾区、江戸川区
神奈川県	川崎市の一部
	横浜市の一部
愛知県	名古屋市の一部
	一宮市、津島市、江南市、稲沢市、愛西市、清須市の一部、弥富市、あま市（旧海部郡七宝町、旧海部郡美和町、旧海部郡甚目寺町）、海部郡大治町、海部郡蟹江町、海部郡飛島村
三重県	四日市市の一部
大阪府	大阪市の一部
	豊中市の一部、吹田市の一部、高槻市の一部、茨木市の一部、摂津市
	守口市、八尾市の一部、寝屋川市の一部、大東市の一部、門真市、東大阪市の一部、四條畷市の一部
	岸和田市の一部、泉大津市、貝塚市の一部、和泉市の一郡、泉北郡忠岡町
兵庫県	尼崎市
	西宮市の一部
	伊丹市

出典／環境省「令和4年度全国の地盤沈下地域の概況」

人工衛星データを活用する

これまで、地盤沈下に関する多様な防止対策が行われ、広範囲で起きる沈下はへりましたが、完全になくなったわけではありません。

近年、国では地盤沈下の早期発見などを目的として、人工衛星データを利用した、地盤沈下の監視を行うようになりました。現在、使用されている人工衛星は、2014（平成26）年に打ち上げられた「だいち2号」(ALOS-2)です。

計測の方法は、まず、人工衛星から地表に向かって電波を送り、地表までの距離を調べます（右上の図）。その数か月後、同じ観測方法で、同じ位置から2回目の観測を行います。そして、1回目のデータと2回目のデータを比べて、電波の進む距離が長くなっていれば、地盤沈下が起きていることがわかるというしくみです。

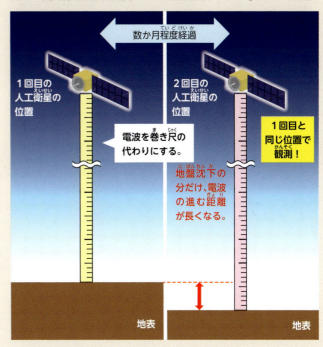

人工衛星による地盤沈下監視の原理
出典／環境省「地盤沈下観測等における衛星活用マニュアル」をもとに作成。

人工衛星を使った地盤沈下の監視は、地方公共団体が行う※1 水準測量とともに、それぞれの特長を生かした観測を行っています。

第3章 地盤沈下

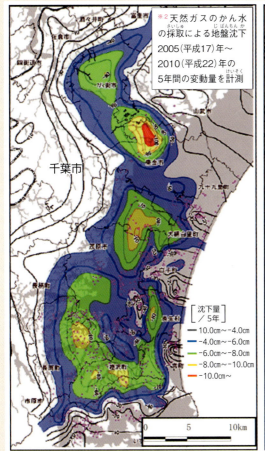

(a)水準測量で計測した5年間の地盤沈下量分布図

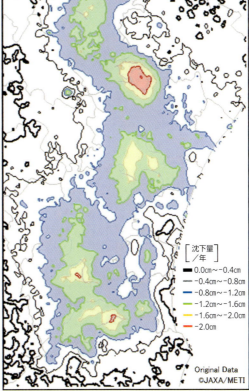

(b)人工衛星で計測した1年間の地盤沈下量分布図

水準測量と人工衛星の地盤沈下量分布図の比較

左の2点は、千葉県九十九里浜の地盤沈下量の分布図。(a)は水準測量で計測したもの、(b)は宇宙から地球表面の変動を監視する、人工衛星「だいち」(ALOS)による衛星データの結果。環境省では(a)(b)の比較を行って、精度の検証を実施し、おおむね分布図の特徴が合った結果を得ている。なお、水準測量は精度が高く、人工衛星は水準点のない範囲も計測できるため、新たな地盤沈下を見つけやすいといった特長がある。
出典／(a)「千葉県環境審議会水環境部会資料」(b)環境省「地盤沈下観測等における衛星活用マニュアル」

※1 水準測量：地上の2点間の高低差や、ある地点の標高を求める測量法。　※2 天然ガスのかん水：かん水とは塩分をふくんだ水。千葉県の天然ガスは太古の海水（地下水）にとけている。

33

第4章 悪臭

悪臭とは

悪臭とは、人に不快感をあたえる、いやなにおいのことです。悪臭によって生活環境がそこなわれ、心理的なストレスを受けるなどの健康被害が起こることがあります。2022（令和4）年度の典型7公害の苦情件数のうち、悪臭の苦情は約20％。苦情数上位3公害の騒音・大気汚染・悪臭を合わせると、全体の85％を超えています。

悪臭の原因

悪臭が起きる原因はさまざまです。食料品製造工場、飼料・肥料製造工場、化学工場など、工場での作業や原料から発生したにおいが悪臭の原因になることがあります。また、畜産業、漁業、農業などの産業や、飲食店などのサービス業から発生する悪臭もあります。ゴミ集積場や個人住宅の浄化槽などの場所が悪臭の発生源になることもあります。

悪臭の出所は、発生源の敷地や建物の出入口、窓などから外にもれる空気、煙突から排出される煙、排水口から流される水などです。においは風で広がることがあるため、発生源を特定することが難しい場合もあります。

野外焼却による悪臭の苦情も多く発生しています。廃棄物などを野外で燃やすことは、原則として「廃棄物の処理及び清掃に関する法律（廃棄物処理法）」によって禁止されています。

人の嗅覚には個人差があり、においの感じ方は人それぞれです。そのときの気分や健康状態、においにまつわる本人の経験や記憶などによって変わることがあります。においを感じる時間や回数、強さなどの条件が変わることで、悪臭と感じるかどうかがちがってくることもあります。

悪臭は事業場からだけではなく、一般家庭の日常生活から発生することもあり、わたしたちの暮らしと切り離せない問題です。自分の家庭から出したにおいで、周囲の人に不快な思いをさせないように気をつけましょう。

悪臭にかかわる苦情件数の発生源別内訳〈2022（令和4）年度〉

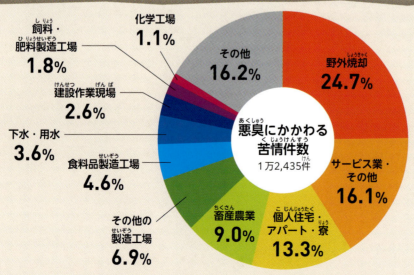

左のグラフを見ると、最も多いのが野外焼却で24.7％。ついでサービス業・その他が16.1％、個人住宅・アパート・寮が13.3％である。
出典／環境省「令和4年度悪臭防止法等施行状況調査の結果について」をもとに作成。

悪臭公害に対する苦情

　悪臭は生活に密着した公害で、昔から多くの苦情が発生していました。たとえば、養豚場や養鶏場から不快なにおいがしてくる、食品加工工場から生ぐさい魚のにおいがただよってくるといった苦情が大きな問題になっていました。近年は対策が進み、畜産業や工場からの苦情は減少しています。

　一方で、都市・生活型公害といわれる、飲食店などから発生する悪臭への苦情が急増し、焼肉店や焼き鳥店、ラーメン店などに多くの苦情がよせられています。住環境や自然環境の変化とともに、人々の意識も変化し、感覚が敏感になってきていることも影響しているといわれています。

　悪臭に対する苦情の中には、パンを焼くにおいや、コーヒー豆を焙煎するにおいなど、多くの人がよいにおいと感じるものに対する苦情もあります。焼く、炒めるなどの調理をするときに出るにおいは、一般的にはよいにおいと感じることが多いものですが、住宅の近くで発生する同じにおいをずっとかいでいる人にとっては、悪臭と感じることもあります。飲食店から発生するにおいは、「※悪臭防止法」でも規制対象になっています。

　公害への苦情は、住民が全国の市区町村または都道府県の公害苦情相談窓口で相談できます。相談員などが相談内容を聞き取り、現地に出向いたり、臭気を測定したりして悪臭被害の状況を調べます。被害の原因や実態を明らかにし、当事者に改善のための助言や指導をするなどして、苦情の解決に向けた対策を行っています。

　苦情が発生すると、悪臭の原因になった事業者には対策が求められます。適切な対策を取れない場合は、罰金などが科せられたり、裁判になったりすることもあります。悪臭の対策は、問題が起きてから行うのではなく、事前に行うことが大切です。

第4章 悪臭

悪臭にかかわる苦情件数の推移

2022（令和4）年度に全国の地方公共団体が受理した苦情件数は1万2,435件。前年度の1万2,950件から515件へった。1972（昭和47）年度をピークに減少傾向にあったが、1993（平成5）年度から大きく増加。2003（平成15）年度からふたたび減少し始めたが、2017（平成29）年度からまた増加が見られた。　出典／環境省「令和4年度悪臭防止法等施行状況調査の結果について」をもとに作成。

※悪臭防止法：1971（昭和46）年に制定された悪臭を規制する法律。規制対象は、規制地域の工場・事業場（→37ページ）。

悪臭の基準

悪臭の強さを表す

人は、空気中にあるにおい物質（においをもつ化学物質）に、においを感じ取る感覚「嗅覚」を刺激されることによって、においを感じます。におい物質は約40万種類あるといわれています。実際に悪臭とされるにおいの多くは、低濃度で、多くのにおい物質の混合体です。そして、一般的には、空気中のにおい物質の濃度が高くなると、においも強く感じられる傾向にあります。

嗅覚には個人差があるので、においの程度を客観的に測って、数値化する必要があります。においの主な測定方法には、におい物質の性質や濃度を機械で分析して数値化する「機器分析法」と、人が実際ににおいをかぎ、そのにおいを数値化する「嗅覚測定法（臭気指数測定）」があります。

悪臭防止法では、どちらの測定方法でも、基本的な基準としては、6段階臭気強度表示法が使用されています（下の図）。6段階臭気強度表示法では、「臭気強度」（においの強さ）を6段階に分け、0から5までの数値で表しています。そして、2.5～3.5の範囲を工場・事業場の「敷地境界線（→37ページ）の規制基準」に定めています。

敷地境界線の規制基準とは、工場・事業場の敷地内での規制基準を意味します。この基準は、特定悪臭物質（→37、38ページ）を工場や事業場の敷地の外に出さないという考えのもとに設けられました。また、規制基準の2.5～3.5という範囲は、大多数の人々が、悪臭による不快感を持つことがないとされる数値です。

臭気強度2.5～3.5は、「嗅覚測定法」で求められる10～21までの臭気指数に置きかえることができます。臭気強度2.5は臭気指数10～15、臭気強度3.0は臭気指数12～18、臭気強度3.5は臭気指数14～21に対応しています。事業者は、規制基準の数値を上まわらないように注意しなければいけません。

悪臭防止法には、2つの規制方法があります。悪臭に対する苦情の内容がさまざまで、解決が難しいことがその理由です。次のページでくわしい内容を見てみましょう。

6段階臭気強度表示法による臭気強度と規制基準の関係

出典／環境省環境管理局大気生活環境室「臭気対策行政ガイドブック 平成14年4月」をもとに作成。

悪臭の規制方法

悪臭防止法によって規制されるのは、規制地域内の工場・事業場から発生する悪臭です。一般住宅は規制対象に入りません。規制方法は、①特定悪臭物質の規制基準、②臭気指数の規制基準の2つで、どちらを採用するかは都道府県知事、市長・特別区長によって決められます。

①特定悪臭物質の規制基準

悪臭物質を特定し、濃度に対して規制を行う方法です。1971（昭和46）年に、アンモニア、硫化水素、硫化メチルなどの5物質が「特定悪臭物質」に指定され、その後、ほかのにおい物質が追加されました。敷地境界線の規制基準（1号基準）では、現在、22の物質が指定されていて、物質ごとに濃度の規制基準が定められています（→38ページ）。

工場・事業場が守るべき規制基準は、悪臭が建物や敷地全体から排出されることを想定した「敷地境界線」、煙突などから排出される場合の「気体排出口」、排水にふくまれる場合の「排出水」の3種類あります（下のイラスト）。

②臭気指数の規制基準

人がかいだにおいの強さを測定し、数値化した臭気指数は、1995（平成7）年の悪臭防止法の改正により、新しい規制の調査方法として導入されました。やり方は、嗅覚検査に合格したパネル（においをかぐ人）が、測定するにおい物質を、無臭の空気でうすめたとき、どれぐらいの倍率までうすめると、においを感じなくなるかを調べて、臭気指数を求めます。

この方法は、においそのものを人の嗅覚で測定するので、住民の悪臭に対する被害感覚に一致しやすいという特徴があります。また、特定悪臭物質以外にも、さまざまな種類のにおい物質に対応することができます。現在は世界的にも広く採用され、悪臭規制の切り札といわれています。この臭気指数の規制基準も、特定悪臭物質の濃度規制と同様に、「敷地境界線」、「気体排出口」、「排出水」の3種類があります。

第4章 悪臭

規制基準の種類

出典／環境省環境管理局大気生活環境室「臭気対策行政ガイドブック 平成14年4月」をもとに作成。

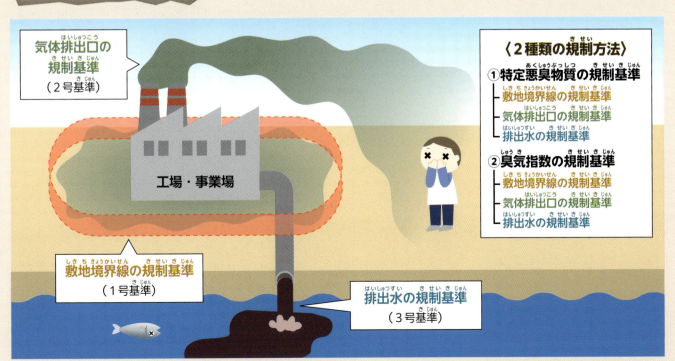

悪臭物質と悪臭問題の歴史

特定悪臭物質と臭気の質

悪臭防止法による「特定悪臭物質」の規制基準として、22の物質が指定されています。敷地境界線の規制基準（1号基準）ではそのすべて、気体排出口の規制基準（2号基準）では13物質、排出水の規制基準（3号基準）では4物質が指定されています。下の表では、臭気強度2.5～3.5に対応した、規制基準値を示しています。

一部の物質については、大気汚染防止法や「特定化学物質の環境への排出量の把握等及び管理の改善の促進に関する法律（PRTR法）」による規制や届け出義務もあります。

出典／環境省 パンフレット「悪臭防止法」、総務省の機関誌「ちょうせい令和3年8月第106号」をもとに作成

悪臭をもたらす22物質臭気強度と濃度の関係

特定悪臭物質名	臭気強度と規制基準値(※ppm)			臭気の質	主な発生場所
	2.5	3	3.5		
アンモニア 1 2	1	2	5	し尿のようなにおい	畜産事業所、化製場、し尿処理場
メチルメルカプタン 1 3	0.002	0.004	0.01	くさった玉ネギのようなにおい	パルプ製造工場、化製場、し尿処理場
硫化水素 1 2 3	0.02	0.06	0.2	くさった卵のようなにおい	畜産事業所、パルプ製造工場、し尿処理場
硫化メチル 1 3	0.01	0.05	0.2	くさったキャベツのようなにおい	パルプ製造工場、化製場、し尿処理場
二硫化メチル 1 3	0.009	0.03	0.1		
トリメチルアミン 1 2	0.005	0.02	0.07	くさった魚のようなにおい	畜産事業所、化製場、水産缶詰製造工場
アセトアルデヒド 1	0.05	0.1	0.5	刺激的な青くさいにおい	化学工場、魚腸骨処理場、煙草製造工場
プロピオンアルデヒド 1 2	0.05	0.1	0.5	刺激的な甘ずっぱいこげたにおい	焼き付け塗装工程を有する事業所
ノルマルブチルアルデヒド 1 2	0.009	0.03	0.08		
イソブチルアルデヒド 1 2	0.02	0.07	0.2		
ノルマルバレルアルデヒド 1 2	0.009	0.02	0.05	むせるような甘ずっぱいこげたにおい	
イソバレルアルデヒド 1 2	0.003	0.006	0.01		
イソブタノール 1 2	0.9	4	20	刺激的な発酵したにおい	塗装工程を有する事業所
酢酸エチル 1 2	3	7	20	刺激的なシンナーのようなにおい	塗装工程または印刷工程を有する事業所
メチルイソブチルケトン 1 2	1	3	6		
トルエン 1 2	10	30	60	ガソリンのようなにおい	
スチレン 1	0.4	0.8	2	都市ガスのようなにおい	化学工場、FRP製品製造工場
キシレン 1 2	1	2	5	ガソリンのようなにおい	塗装工程または印刷工程を有する事業所
プロピオン酸 1	0.03	0.07	0.2	刺激的なすっぱいにおい	脂肪酸製造工場、染織工場
ノルマル酪酸 1	0.001	0.002	0.006	汗くさいにおい	畜産事業所、化製場、でんぷん工場
ノルマル吉草酸 1	0.0009	0.002	0.004	むれたくつ下のようなにおい	
イソ吉草酸 1	0.001	0.004	0.01		

1 敷地境界線の規制基準（1号基準）　**2** 気体排出口の規制基準（2号基準）　**3** 排出水の規制基準（3号基準）

※ppm：容量や重さの割合を表す濃度の単位。"parts per million"の略で100万分の1のこと。1ppmは0.0001%で、空気1m³の中に物質が1cm³ふくまれる場合をいう。

38

悪臭問題の歴史

悪臭問題は、時代とともに多様化しています。悪臭防止法の制定や、臭気測定法の導入によって、さまざまな悪臭問題への規制が進められています。

年代	臭気問題	悪臭防止などの動き
昭和30年代まで (~1964年)	▶ 畜産業や、魚腸骨・獣骨(魚の内臓や骨、皮、けものの骨など)の処理場、し尿処理場の臭気が問題となる。 ▶ 鉱工業の発展につれて、悪臭被害をうったえる住民が増加する。 ▶ クラフトパルプ工場の建設にともなって、臭気の苦情は広範囲になり、工場内で臭気を抑制する努力が行われた。 ▶ 高度経済成長にともない、石油化学コンビナート等の悪臭問題が発生しつつあった。	
昭和40年代 (~1974年)	▶ 1970(昭和45)年度から、悪臭苦情件数の全国集計を開始。3年目の1972(昭和47)年度は2万1,576件にのぼった。 ▶ 1969(昭和44)年9月、山梨県塩山市の飼料工場の悪臭問題で住民投票が行われた(大多数の住民が事業活動の中止を要求)。 ▶ 1970(昭和45)年から、魚腸骨・獣骨処理場、飼料製造工場などから発生する臭気の苦情が増えた。また、市街地の拡大で、もともとあった養鶏・養豚場の臭気に対する苦情が増加した。	● 1967(昭和42)年、「公害対策基本法」の制定。 ● 1971年(昭和46)年、「悪臭防止法」の公布。 ● 1971年(昭和46)年7月、「環境庁(現在の環境省)」の設置。 ● 1972年(昭和47)年5月、「特定悪臭物質の測定の方法」の公布。
昭和50~60年代 (1975~1989年)	▶ さまざまな苦情が増えた。し尿臭や下水臭の苦情も多く、飼料、肥料、ビール、香料などの工場周辺の住民からの苦情も増加。食肉市場の移転や増設で、臭気の苦情が各所で発生した。	
平成元年~平成15年 (1989~2003年)	▶ 臭気発生源に加えて、ごみ集積場、鋳造工業、FRP(繊維強化プラスチック)製品製造工場などによる臭気の苦情が多くなってきた。 ▶ 新しいタイプの臭気発生源として飲食店などによる悪臭が問題になり、「サービス業・その他」の苦情が増加(全国集計)。1974(昭和49)年度の27%から、1999(平成11)年は50.8%になる。 ▶ 塗装、印刷、接着剤などに由来する揮発性有機化合物(VOC)が大気汚染物質と臭気の両面から規制された。2003(平成15)年は悪臭苦情が過去最多となる。	● 1993(平成5)年6月、特定悪臭物質が22になる。 ● 1996(平成8)年4月、「臭気指数規制」が施行され、「臭気判定士」制度が発足。 ● 1996(平成8)年11月、第1回臭気判定士国家試験が3会場で行われる。
平成16年~平成30年 (2004~2018年)	▶ サービス業、個人住宅、アパート、寮などが原因の苦情件数が多く、毎年、全体の約11%をしめている。 ▶ 「野外焼却」による苦情が年々増加してきている。2005(平成17)年度は野外焼却だけで全体の23.9%で、最も多い苦情となった。 ▶ 食品製造業や飲食店の苦情が増える。食品製造業の臭気は、嫌悪感はそれほど強くないものの、臭気ガスの温度が高く、ダスト・ミストをふくんでいて、対策が難しい。臭気ガスを集めてガスを冷却し、脱臭、排気まで行うような、システムをつくる専門技術の必要性が求められる。	● 2004(平成16)年、「臭気対策アドバイザー制度」の発足。

資料／公益社団法人 におい・かおり環境協会「悪臭問題と対策の時代変遷」をもとに作成。

第4章

悪臭

悪臭の状況と防止対策

悪臭防止法の目的

1971（昭和46）年に制定された悪臭防止法は、都道府県知事、市長・特別区長が規制地域を指定し、規制地域内で、悪臭を発生させている全ての工場や事業場に対して、規制や防止対策を行うことを目的としています。

悪臭によって住民の生活がそこなわれていると認められた場合は、市町村長・特別区長が立ち入り調査や悪臭の測定を行います。その結果にしたがい、改善勧告や改善命令を行います。改善命令に違反した場合は罰則があります。

機器と人の嗅覚による悪臭の測定

悪臭の測定方法には、におい物質の性質や、濃度を機械で測定し、分析結果を数値化する「機器分析法」と、人が実際ににおいをかいで、においの強さ（臭気指数）を数値化する「嗅覚測定法」（臭気指数測定）があります。

機器分析法は1971年から採用されていますが、嗅覚測定法は、近年の悪臭苦情に対応した規制として、1995（平成7）年に新たに追加されました。その翌年、臭気指数の判定に必要な「臭気判定士」という国家資格が創設されました。典型7公害の中で、人の五感を用いて測定するのは悪臭だけです。

▶「嗅覚測定法」で使われる三点比較式臭袋法

人が実際ににおいをかいで測定する方法。悪臭の原因物質を問わず、複数の物質がまじった悪臭や、規制の対象になっていない物質にも対応できる。1995（平成7）年から、3つのふくろから、においの入ったふくろを1つ当てる三点比較式臭袋法が正式な検査法として採用されている。臭気判定士が三点比較式臭袋法による嗅覚測定を行い、臭気指数・臭気濃度を算出する。

写真提供／株式会社カルモア

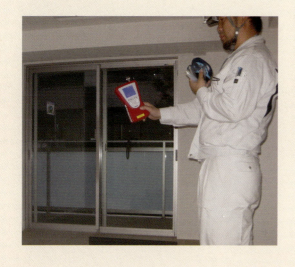

◀「機器分析法」で使われる機器

機器測定法では、分析機器を使用して、におい物質の分析を行う。

左の写真は、ニオイセンサー（臭気測定器）を使って、臭気を測定しているところ。測定器は、株式会社カルモアの携帯式ニオイセンサーPOLFA。軽量・高機能のポータブルタイプで、臭気管理に必要な機能が凝縮されている。

写真提供／株式会社カルモア

悪臭をふせぐためには

悪臭を取りのぞくためには、多額の費用がかかります。いったん悪臭が発生してしまうと、完全に取りのぞくことは難しいともいわれています。悪臭を防止するためには、においを発生させないようにすることが重要です。

悪臭をへらす工夫をして、においが広がらないようにすることも大切です。においが気になる場合は、対策を検討し、改善に向けてできることから取り組まなければいけません。改善されない場合は、脱臭装置の導入が必要になります。事業者は、周辺住民の生活環境をそこなわないように悪臭の防止に努める責任があります。

悪臭を未然にふせぐためには、以下のような対策を行います。

悪臭の原因の調査
①排出口の向き・高さ、空気の流れ・とどまりやすさ、近隣住居との距離など、においが問題になりそうな場所を調べる。
②においの種類、発生場所、時間帯、どのくらいの割合でにおうかなどを調べ、原因を特定。

悪臭を改善するための取り組み
①窓や出入口を開放したままにしない。
②調理、作業時間を変え、においもれをふせぐ。
③悪臭が発生するおそれのあるものの保管場所や、強いにおいを発生させる作業場所を変える。
④事業所の内外、設備、排水溝、側溝（道路沿いの水路）などの清掃や点検をこまめに行う。

第4章 悪臭

改善対策の例 ❶
強いにおいをともなう作業の時間帯を変える。特に食事の時間や、洗濯物をほしているときなどは周辺に注意する。

改善対策の例 ❷
煙が隣家に流れないように、煙突の排出口の高さや向きを変更する。煙突をのばし、高所から排出する。

改善対策の例 ❸
においが出るものは早くかたづける。においがもれないようにふたをして、容器を密閉する。

巻末資料 1
公害問題解決のための「公害紛争処理制度」

近くの深夜営業店の騒音がひどい、工場からの悪臭で気分が悪いなど、暮らしの中にはさまざまな公害問題があります。そうしたときの解決手段として、「公害苦情相談」と「公害紛争処理」の制度があります。

■ 公害問題解決のしくみ

公害問題で被害にあったとき、解決方法として、まずは、各市区町村や都道府県の公害苦情相談窓口に相談する方法があります。相談は、直接窓口に出向くほか、電話や手紙、メールなどでもできます。相談を受けた担当者は、被害の状況などを調査して対策を検討し、関係者に改善のための指導や助言を行います。

苦情相談で解決しない場合は、公害紛争処理制度を利用できます。この制度は、あまり費用をかけず、すばやく、適正に公害問題の解決ができるように設けられました。委員は法律や公害の専門家で、必要に応じて現地調査を行います。公害紛争処理の手続きには、「調停」「あっせん」「仲裁」「裁定」の4種類があります（→43ページ）。

■ 公害紛争処理の流れ

公害紛争処理の「調停」は、都道府県または国の調停委員会が当事者どうしの話し合いを積極的に進め、たがいに合意することで解決を図る手続きです。「裁定」は、調査や当事者の主張にもとづき、国の公害等調整委員会の裁定委員会が法律的な判断を行い、解決を図る手続きです。原則として、「調停」「裁定」ともに当事者の申請によって手続きが開始されます。

■ 公害紛争事件の管轄

大気汚染や水質汚濁などによる被害や健康被害が大きい重大事件、または、都道府県をまたぐ事件の調停・あっせん・仲裁は、国の公害等調整委員会があつかいます。それ以外の事件は都道府県公害審査会等の管轄で、裁定は国の公害等調整委員会が管轄します。

出典／総務省「3分でわかる！公害紛争処理制度」をもとに作成。

公害問題を解決に導く公害苦情相談から公害紛争処理への流れ

公害苦情相談により、典型7公害の3分の2は1週間以内に処理されている。
苦情相談で解決せずに紛争になった場合は、公害紛争処理を行う。

公害苦情相談
担当：市区町村、都道府県（身近な相談窓口による指導や助言などによる解決）

公害紛争処理
担当：都道府県公害審査会等、国の公害等調整委員会（専門の機関による紛争の解決）

典型7公害の苦情の処理にかかる日数と割合

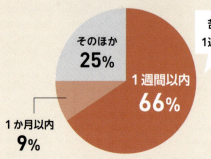

そのほか 25%
1週間以内 66%
1か月以内 9%

苦情の3分の2が1週間以内に解決！

苦情相談で解決せずに、紛争になる場合とは……
☑ 当事者間の対立が深刻な場合
☑ 苦情の申し立てのあと長期間が経過して、解決の見通しは立たないが、第三者の仲介があれば話し合いが進展すると思われる場合
☑ 損害賠償の問題が中心になっている場合
☑ 紛争の原因について争いがある場合

公害紛争処理事件の管轄

都道府県公害審査会等	国の公害等調整委員会
調停、※1 あっせん、※2 仲裁 国の公害等調整委員会のあつかう重大事件、広域処理事件と、都道府県をまたいだ県際事件以外のすべての事件。	**調停、あっせん、仲裁** **重大事件** ── 大気汚染、水質汚濁によって、非常に大きな被害が生じ、被害が多数におよぶ事件、またはそのおそれがある次の事件 ・生命、身体に重大な被害が生じる事件 ・被害の総額が5億円以上の事件 **広域処理事件** ── 航空機や新幹線にかかわる騒音事件 **県際事件** ── 都道府県をまたぐ事件
裁定 ※都道府県公害審査会等は裁定を行いません。	**裁定** **すべての事件** ── 損害賠償の責任について調べる「責任裁定」と、加害者と被害者の間に関係性があるかないかを調べる「原因裁定」がある。

※1 あっせん：公害紛争処理機関（都道府県公害審査会等または国の公害等調整委員会）が当事者間の自主的解決を助け、うながす目的で間に入って仲介し、紛争の解決を図る手続き。職権で行うこともある。※2 仲裁：紛争解決を公害紛争処理機関にゆだね、その判断にしたがうことを合意し、その判断で紛争の解決を図る手続き。

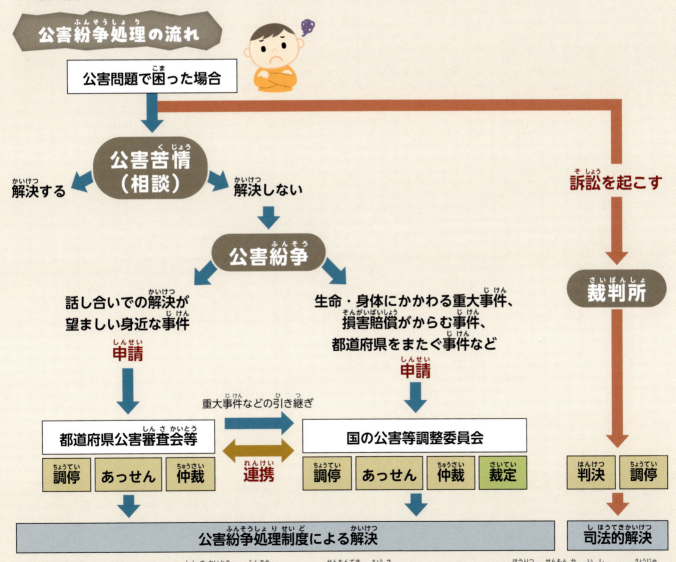

公害等調整委員会や都道府県公害審査会等は、紛争によっては専門的な調査を行うことがあるため、法律の専門家、医師、大学教授など、各分野の専門家が委員になっている。事件によっては、さらに専門的な学識経験者が専門委員に任命される。各委員は話し合って、中立、公正な立場で、調停、裁定などを行い、紛争の解決に努めている。

出典／総務省「公害紛争処理の仕組み」をもとに作成。

巻末資料 2
公害・環境問題 ネットガイド
―アクセスして調べてみよう―

これまで取り上げてきた四大公害病や典型7公害の問題、また、さまざまな環境問題について、くわしく解説しているインターネットのサイトを紹介します。アクセスして調べてみましょう。

公害問題解決の2つの制度 総務省
<https://www.soumu.go.jp/kouchoi/knowledge/how/e-dispute_00001.html>

公害問題で困ったときに解決する手段には、「公害苦情相談制度」と「公害紛争処理制度」(→ 42、43ページ)の2つの制度があります。総務省のサイトでは、2つの制度のしくみや特徴、苦情が解決するまでの流れなどについて、イラストや図を使って、わかりやすく解説しています。都道府県別の地域の公害苦情相談窓口の連絡先も確認することができます。

「公害苦情相談制度」のページ。身近で起きている公害に対する苦情は、地域の公害苦情相談窓口に持ちこまれる。公害苦情の受付から解決までの流れがわかる。

「公害紛争処理制度」の紛争処理手続きには、調停、あっせん、仲裁、裁定の4つの種類がある。上の図は、調停の流れについて説明している。

「公害等調整委員会」のページ。調停や裁定などの申請を受け付け、公害紛争のすばやい解決を図るなど、公害等調整委員会の役割について紹介している。

各地の公害資料館 公害資料館ネットワーク
<https://kougai.info/>

公害資料館ネットワークは、公害教育を実施している組織どうしの交流を図ることを目的として、2013(平成25)年に結成されました。全国各地の公害資料館や活動団体が参加して、各地でこれまでに実践されてきた「公害を伝える」取り組みを、このネットワークの中で共有しています。多くの団体と連携しながら、国内だけでなく世界に向けて、二度と公害を起こさない未来をきずく知恵を発信する活動を続けています。

公害資料館ネットワークの活動について説明しているページ。このサイトで具体的な活動も紹介している。

日本地図で示された公害資料館。ネットワークに参加している各地の公害資料館が一目でわかる。

環境白書 <https://www.env.go.jp/policy/hakusyo/>
環境基本法と環境基準 環境省
<https://www.env.go.jp/kijun/>

環境省では、環境政策や循環型社会への取り組み、生物多様性についての対策などを広く国民に知らせるために、毎年1回、「環境白書・循環型社会白書・生物多様性白書」を公表しています。環境問題の全体像を示すために3つの報告書を合わせて編集していて、毎年新しいテーマも取り上げています。

▲最新の「環境白書・循環型社会白書・生物多様性白書」を紹介しているページ。わかりやすくまとめられた要約も見ることができる。

▲環境基準と環境基本法 健康や生活環境を守るために望ましいと定められた環境基準について調べることができる。

▶令和6年版 環境・循環型社会・生物多様性白書(PDF版) 第1部には環境への総合的な施策、第2部には各分野の取り組みなどが報告されている。

環境問題の解決に向けて、私たちができること COCOCOLOR EARTH
<https://cococolor-earth.com/>

COCOCOLOR EARTH（ココカラアース）のサイトでは、コラムページで、最新の公害の状況や対策などがわかりやすく書かれています。都道府県ごとの環境対策や、地球温暖化による生物への影響など、さまざまな環境問題についても学ぶことができます。

◀ココカラアース ホームページ 「社会問題コラム」では、公害のほかに現在の地球環境の問題点と世界の取り組みを紹介している。

▲典型7公害を中心に、公害の歴史やわたしたちにできる対策を、写真・イラストつきでやさしく解説。

さくいん

あ行

あ
アイドリング………………6,8,9,11
悪臭防止法………35,36,37,38,39,40
あっせん………………………42,43,44

い
井戸……………………………26,32

え
営業騒音………………………6,11
液状化現象……………………30
鉛直振動………………………18

お
大阪国際空港…………………10
音響機器………………………8,9

か行

か
改善勧告………………………40
改善命令……………14,15,23,40
解体工事………………………6,24
家屋調査………………………25
拡声機……………………6,11,15
覚醒率…………………………21
カスリーン台風………………28
加速度…………………………18
楽器………………………7,8,9,11
活動妨害………………………12,13
家庭用電気機器………………7,8
空ぶかし………………………6,8
感覚公害………………………6
環境確保条例（都民の健康と安全を
　確保する環境に関する条例）…22
環境基準…………………9,11,45
環境基本法………………11,45
環境省……………15,22,33,39,45
環境政策………………………45
環境大臣………………………15
環境庁…………………………22,39
環境白書………………………45
緩衝材……………………………8,25
かん水…………………………33
関東大震災……………………28
関東平野………………………29,32
陥没……………………………30

き
機器分析法……………………36,40

気候変動………………………29,45
基準値…………………………18,22
規制基準……14,22,23,24,36,37,38
規制基準不適合………………15,23
規制対象………14,15,22,29,35,37
規制地域………………………35,37,40
気体排出口……………………37,38
吸音……………………………6,9
吸音材…………………………8,9
嗅覚……………………34,36,37,40
嗅覚検査………………………37
嗅覚測定法（臭気指数測定）…36,40
給排水音………………………8
行政措置……………14,15,22,23
許容限度…………………1415,23

く
くい打ち機……………………23,24

け
下水道管………………………30
原因裁定………………………43
健康被害…………12,21,34,42
県際事件………………………43
建設機械………………………25
建設現場………………………10,12
建設工事……13,14,15,17,20,22,25
建設作業…6,14,16,17,18,20,22,24
建設作業振動…………………22
建設作業騒音…………………10,14
検知閾値濃度…………………36
建築物用井戸…………………32
建築物用地下水の採取の規制に
　関する法律……………29,32
限度値……………14,15,22,23

こ
広域処理事件…………………43
豪雨災害………………………29
公害苦情相談…………………42
公害苦情相談制度……………44
公害苦情相談窓口……17,35,42,44
公害資料館（ネットワーク）…44
公害等調整委員会……42,43,44
公害紛争処理制度……42,43,44
工業用井戸……………………30
工業用水道……………………29
工業用水法……………………29,32
航空機……………………6,10,43
航空機騒音……………………10

工場・事業場振動……………22
工場・事業場騒音……………14
工場騒音………………………10
高度経済成長期……………10,26,28
交通規制………………………20
交通騒音………………………6
鉱物資源………………………26
COCOCOLOR EARTH
　（ココカラアース）…………45

さ行

さ
採取規制………………………27
裁定……………………………42,43,44
砂れき層………………………26
三点比較式臭袋法……………40

し
ジェーン台風…………………29
敷地境界線………18,24,36,37,38
地震………………………19,29,30
指定地域………14,15,22,23,32
自動車……6,10,11,13,14,15,16,20
自動車騒音………………10,14,15
地盤…16,18,19,25,26,27,29,30,31,32
地盤改良工事…………………31
地盤沈下防止等対策要綱……29,32
司法的解決……………………43
遮音シート……………………8
社会調査………………………19
臭気……………………………35,38
臭気ガス………………………39
臭気強度………………………36,38
臭気指数………………36,37,40
臭気判定士……………………39,40
蒸気機関………………………10
商用電源………………………25
新幹線……………………10,11,43
新幹線鉄道騒音………………11
人工衛星………………………33
浸水………………………27,28,29
震度……………………………19
振動規制検討委員会…………22
振動規制法……………22,23,24
振動周波数……………………18
振動測定………………………19
振動対策………………………20,25
振動レベル………………18,19,21

振動レベル計……………………18
振幅(ゆれ幅)……………………18
深夜営業…………………6,11,15
深夜騒音……………………………15

す
水害……………………………………29
水質汚濁……………………………42,43
水準測量……………………………33
水平振動……………………………18
睡眠障害……………………………21,31
睡眠妨害……………………………12,13
水溶性天然ガス……………………27,29
ストレス……………………12,21,34

せ
生活環境………14,15,16,22,23,34,41,45
生活騒音……………………6,7,8,9,11
責任裁定……………………………43
節水……………………………………29

そ
騒音基準値…………………………15
騒音規制法………………10,14,15,23
騒音対策……………………8,10,11
騒音レベル…………………11,12,13
総務省………………………………44
損害賠償…………………10,11,42,43

た行

た
大気汚染……………………34,42,43
大気汚染防止法……………………38
帯水層………………………………26
だいち(ALOS)……………………33
だいち2号(ALOS-2)………………33
高潮……………………………28,32
脱臭装置……………………………41
暖機運転……………………………9

ち
地殻変動……………………………28
地下水……………26,27,28,29,30,32
地下水採取規制……………………32
地下鉄………………………………13,20
地球温暖化…………………………45
筑後・佐賀平野……………………29,32
仲裁……………………………42,43,44
調停……………………………42,43,44
聴力障害……………………………12

て
低周波音……………………………11
低振動型建設機械…………………25
鉄道……………………6,10,11,16,17
典型7公害………4,16,34,40,42,44,45
天然ガス……………………………33
電波……………………………………33

と
透過……………………………………6
東海道新幹線………………………11
道路交通……………………17,22,23
道路交通振動………………………22,23
特定悪臭物質………………36,37,38,39
特定建設作業……………14,15,22,23,24
特定建設作業実施届出件数………24
特定工場・事業場………14,15,22,23
特定施設……………………14,15,22,23
都道府県公安委員会………14,15,22,23
都道府県公害審査会等……………42,43
届け出義務…………………14,22,38

な行

な
難聴……………………………………12,13

に
におい物質…………………36,37,40
認知閾値濃度………………………36

ぬ
ぬけ上がり…………………26,29,30,31

ね
粘性土層……………………………26

の
濃度規制……………………………37
濃尾平野……………………………29,32
能登半島地震………………………29

は行

は
廃棄物の処理及び清掃に
　関する法律(廃棄物処理法)………34
排出口………………………………41
排出水………………………………37,38
破砕作業場所………………………25
罰則……………………14,15,22,23,40
パネル(においをかぐ人)…………37
反射……………………………………6
阪神淡路大震災……………………30

ひ
PRTR法……………………………38
ppm……………………………………38
東日本大震災………………………29,30
表土層………………………………26

ふ
風車騒音……………………………11
風力発電施設………………………6,11
ブレーカー…………………………23,24

へ
ペット……………………7,8,9,11

ほ
防音壁………………………………11
防振溝………………………………25
防振マット…………………………25

ま行

ま
マンホール…………………………29,30

み
水資源………………………………27

む
室戸台風……………………………28

や行

や
野外焼却……………………………34,39

ら行

ろ
6段階臭気強度表示法………………36

47

「四大公害病と環境問題」全4巻

A4変型判　各巻48ページ　C8336　NDC519

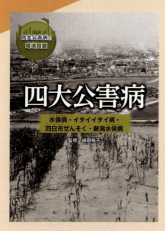
四大公害病
水俣病・イタイイタイ病・
四日市ぜんそく・新潟水俣病

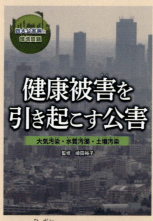
健康被害を引き起こす公害
大気汚染・水質汚濁・土壌汚染

生活環境をそこなう公害
騒音・振動・地盤沈下・悪臭

新しい公害と環境問題
交通公害・日照不足・有害物質ほか

■ 監修　崎田裕子（さきた ゆうこ）

ジャーナリスト・環境省登録の環境カウンセラー。1974年、立教大学社会学部卒業。(株)集英社で11年間雑誌編集の後、フリージャーナリストに。生活者・地域の視点から環境問題に関心を持ち、近年は「持続可能な社会」を中心テーマに、気候変動対策や循環型社会づくりに取り組んでいる。「全国おいしい食べきり運動ネットワーク協議会」会長、早稲田大学招聘研究員。「中央環境審議会」「総合資源エネルギー調査会」等委員として、政策検討にも参加してきた。NPO法人新宿環境活動ネット代表理事として、環境学習を推進。NPO法人持続可能な社会をつくる元気ネット前理事長。

■ 写真提供・協力（順不同）
朝日新聞社　毎日新聞社　四日市公害と環境未来館
株式会社カルモア　COCOCOLOR EARTH（ココカラアース）
なお、写真や資料などご協力いただきました団体や組合などの名称は、各掲載ページに記載させていただいています。

● 編集　株式会社　アルバ
● 編集協力・執筆協力・校正　斉藤道子（OFFICE BLEU）／砂野加代子
● イラスト作成　門司恵美子／能勢明日香（チャダル108）
● 校正　望月裕美子
● デザイン・DTP　門司美恵子／能勢明日香（チャダル108）

四大公害病と環境問題
生活環境をそこなう公害
騒音・振動・地盤沈下・悪臭

初版発行／2025年3月

監　修　崎田裕子
発行所　株式会社 金の星社
　　　　〒111-0056 東京都台東区小島1-4-3
　　　　TEL 03-3861-1861（代表）
　　　　FAX 03-3861-1507
　　　　振替 00100-0-64678
　　　　ホームページ https://www.kinnohoshi.co.jp
印　刷　広研印刷株式会社
製　本　株式会社難波製本
■48ページ 29.3cm NDC519 ISBN978-4-323-06783-4

乱丁落丁本は、ご面倒ですが、小社販売部宛てにご送付ください。送料小社負担でお取り替えいたします。
©Aruba,2025 Published by KIN-NO-HOSHI SHA, Printed in Japan.

JCOPY 出版者著作権管理機構 委託出版物
本書の無断複写は著作権法上での例外を除き禁じられています。複写される場合は、そのつど事前に、出版者著作権管理機構（電話 03-5244-5088、FAX 03-5244-5089、e-mail: info@jcopy.or.jp）の許諾を得てください。
※本書を代行業者等の第三者に依頼してスキャンやデジタル化することは、たとえ個人や家庭内での利用でも著作権法違反です。

ESTABLISHED IN 1919　金の星社
100年の歩み
金の星社は1919（大正8）年、童謡童話雑誌『金の船』（のち『金の星』に改題）創刊をもって創業した最も長い歴史を持つ子どもの本の専門出版社です。

よりよい本づくりをめざして
お客様のご意見・ご感想をうかがいたく、読者アンケートにご協力ください。ご希望の方にはバースデーカードをお届けいたします。アンケートご入力画面はこちら！
https://www.kinnohoshi.co.jp